教育人类学者的田野回望

之思

齐学红 ＼ 著

重庆大学出版社

图书在版编目（CIP）数据

成年之思：一位中国教育人类学者的田野回望 /齐学红著. -- 重庆：重庆大学出版社, 2022.1

ISBN 978-7-5689-3023-9

Ⅰ.①成… Ⅱ.①齐… Ⅲ.①教育人类学—研究—中国 Ⅳ.①G40-056

中国版本图书馆CIP数据核字（2021）第253877号

成年之思：一位中国教育人类学者的田野回望
齐学红 著
策划编辑：林佳木
责任编辑：林佳木 版式设计：林佳木
责任校对：夏 宇 责任印制：张 策

*

重庆大学出版社出版发行
出版人：饶帮华
社址：重庆市沙坪坝区大学城西路21号
邮编：401331
电话：（023）88617190 88617185（中小学）
传真：（023）88617186 88617166
网址：http://www.cqup.com.cn
邮箱：fxk@cqup.com.cn（营销中心）
全国新华书店经销
重庆华林天美印务有限公司印刷

*

开本：890mm×1240mm 1/32 印张：5.375 字数：109千
2022年1月第1版 2022年1月第1次印刷
ISBN 978-7-5689-3023-9 定价：32.00元

作者简介

齐学红

南京师范大学教育科学学院教授，博士生导师。教育部人
文社会科学重点研究基地南京师范大学道德教育研究所副所长，
江苏高校哲学社会科学重点研究基地南京师范大学教育社会学
研究中心研究员，南京师范大学教育科学学院班主任研究中心
主任。现任中国教育学会教育人类学专业委员会理事长，中国
教育学会教育社会学专业委员会常务理事，中国教育学会班主
任专业委员会副理事长，江苏省教育学会班主任专业委员会理
事长。主要研究方向为教育人类学、道德教育、教育社会学。
发表学术论文百余篇，承担国家级、省部级课题多项，出版个
人学术专著六部：
《学校生活中的教师与学生》（2006）
《走在回家的路上——学校生活中的个人知识》（2005）
《在生活化的旗帜下——学校道德教育改革的社会学研究》（2011）
《学校德育与班主任专业成长》（2018）
《变革学校：一位中学校长的口述史》（2020）
《结构与行动：基础教育改革的历史社会学研究》（2020）

谨以此书献给我的导师金一鸣先生，是他引领我跨入田野研究的大门，并手把手地指导我完成了博士论文的写作！

中国教育人类学学科成长的田野序曲

近日读到齐学红教授的新书《成年之思：一位中国教育人类学者的田野回望》，感觉就像在享用一壶醇厚溢香的美酒。书不厚重，却让人浸润在广袤的教育田野那意义万千的境界中。

这本书带我走进一位教育人类学者20多年的研究生涯，在她对自己田野研究耕耘和收获的描述中，我仿佛和她一起领略了往日时光中的风吹雨打、晴光霁月；赏析了在别处难以看到的如此详细的教育实践心路，品味了她困苦思索的甜酸苦辣和求真悟道的忧愁喜悦。

相比有些教育学者止步于用某些"理论正确"来解释、答辩教育问题，有些著书立说只是突发奇想、卖弄文字，她的研究贯穿着更高一筹的思维范式，从教育田野里体察学生与教师具体细微的互动并引发真情实意的触动，并自发自觉地把田野情境与特定教育政策相融合，从中生成新的认知框架，据此开始窥探教育发生之机理，体悟教育活动之真谛，寻回教育行为之本义。这一切正是教育田野所赐！田野让研究者在生动多样的教育生活中感悟新的教育理念和教育憧憬。走向田野正是教育人类学家的成长之路。进入齐学红的教育田野，看着这些研究手札，同那些"教育研究狂人"相比，看似甚少"高大上"，却多了许多真挚坚实的教育品格，这是真实教育的写照，更是教育实践者的呼声。

《成年之思》一书，令人产生一种迈进教育研究新世界的心境。20 世纪 80 年代以来，中国涌现出一批呼吁发展教育人类学的学者，量化研究、质性研究、叙事研究、扎根理论等新的方法名词不断涌现，"实证教育研究论坛"等各种"牛哄哄"的招式不断出现。但如今看来，很多人只是找一些数据、做一些访谈来装扮论文，数十年如一日坚守教育田野的研究者却极少看到——陈向明、齐学红等人正是这样的学者。

齐学红的这本书让我们真切地体会到，真正的教育人类学研究首先需要走进田野，更需要经历三次文化诞生，懂得人种志研究的基本内涵，把握教育实践文化使命的基本方式和作为文化生命机制的行为特征，从中解读其文化传承、文化获得及文化成长的基本过程和规律性发展。从书中能够看到，教育人类学者研究的田野至少有三个层面。一层为教育实践一线，进入学校、进入班级、进入学生活动，尽管不是时时刻刻，但却始终情系田野、心系实践。二层为教育实践的文化传承，在这里，尽管研究者看到的是学生的课业，但思考的却是教育中文化传承带来的儿童文化成长。三层为教育实践规律揭示，举目所见的尽管都是鲜活的教育大田野，考察的是各式各样的学校，接触的是各种各样的师生，但却能从浩瀚无垠的教育田野中对所见所闻的各种教育形态加工析解，窥视当代教育变化的根本，以多棱面折射出教育的内在规律。研究者从看到田野的具体，到田野的部分，再到田野的整体，本质上是在用人生丈量着田野的广袤深厚，体验着教育的时代使命和责任担当，以及由此散发出的教育研究的无穷魅力。

读《成年之思》，让人生发出一种至深的体会，即她写的并非简单的个人研究经历，而是个人专业成长的跋涉过程，更是给我们展示了中国教育人类学学科成长的崎岖之路。无论是个人还是学科，都不可能简单模仿或者翻译、套用某些外来概念就能秒变"学家"或成为"中国学科"。作者的研究心路描述，再次表明人的认识只有在实践中才能"重新"获得，只有如此，田野才能进入学者的法眼，变成教育人类学家成长的沃土。

书中的讲述，让我回想起 20 世纪 80 年代我求学华东师范大学的经历。我的导师金一鸣教授时任中国教科院首任院长，是一位德高望重的教育学家，我从他那里得到教育人类学的入门启蒙和兴趣指引，他多次同我深入地探讨教育人类学的学科问题，他的缜密思维及严谨分析让我大开眼界，给了我极大的启迪。后来在他的支持下我们编写教材，他为这本新教材提出了详细的意见。尔后我多次受托评审华东师大教育人种志研究的博士学位论文。齐学红的博士论文《中小学师生互动中的学生主体性——个案研究》我当年也评审过。这些经历使我特别能感受到，金老师用他独有的学识，推动着中国的教育研究走向田野，推动着教育人类学这一新学科向着科学不断发展。我深深地体会到，中国教育人类学的兴起既是时代的需要，更是在老一辈教育学者支持下许多教育研究同仁共同努力的结果，是一个新老教育工作者接力共同推动的时代性成长过程。中国教育人类学的学科发展既不可能简单地移植照搬西方国家的理论和概念，更不可能是某个个人的行为。离开时代需求和教育实践的推动，要实现学科认知和实践的深化，几乎是不可能的。

齐学红教授的这部新作，虽不绵长但却丰厚精到，可谓学问与学识及学科相依互动，人生与学业及事业相随而长。其内在的生长渊源或是人生的社会作用回应，或是追求中的人生成长过程。书中几大落笔，皆为她人生及学术演化中的重要转折，由此也成为该书独有之内涵和魅力。书中许多记叙看似信手拈来，其实是作者在长久的田野研究中对教育的反复深思。

田野中的教育行为在研究中被注入生命意蕴，由此使教育人类学研究更深地扎根于田野之中。当然，这是一个很长的演进历程，书中还难免留了些许人类学发展进程中的旧痕迹，比如ethnography还在用着初期的"民族志"译名，这多少是一种从人类学、民族学、社会学浑然不分的混沌时代走向三大学科各自形成独立学科体系进程中的不自觉。正同王铭铭教授撰专文解释ethnography译名时所说的那样，"民族志"中并无民族，是"一种广义人文关系学的界定"，但他也在使用"民族志"。但是，时代发展赋予的学术生命力是不可抑制的，唯有把走向田野作为人成长记录的"人种志研究"还给人类学，才能使真正的"民族志研究"归位于民族学，把"记录人与社会关系的研究"还给社会学。为此，齐学红引用高丙中的研究来阐述这种演变，指出"实验人种志的诞生是民族志进入第三个时代的标志"。

　　齐学红的研究经历证明，人类学或教育人类学学科尽管需要借鉴外域研究成果，却是不可能靠翻译了什么作品来表征学科发展的。她以自己20多年的田野研究实践对创建学科做出了明确的回应，即唯有且必须是参与到教育实践中，以独特的方式解决重大教育发展问题、取得具有发展性意义的学术成果，才可能实现对学科发展的积极推动。因此，这本书最重要的意义在于，作者亲自参与到中国教育改革实践中，本书是践行教育文化使命下的田野回响，是在实践中不断反思建构教育人类学学科理论和概念体系的田野叙事，是对田野研究的执着探索。只有沿着这条路走下去，才会触摸到教育人类学学科的真谛，形成自己对人类教育的理性思考和科学认知。

在不长的篇幅中概括出 20 多年的研究精要，正是这本书的魅力所在。从教育的田野研究读懂中国教育人类学的学科建设，齐学红做到了。我敬佩她的工作，感谢她的奉献，这里特意向教育人类学的同仁们推荐此书！

冯增俊

2020 年 10 月 4 日

目 录

回望：田野研究背后的故事

人要研究人自己，从科学历史上说是人类学 19 世纪的创举，经过了一段探索，到 20 世纪初年建立起了一套科学的方法，不能不说是人文世界中的一项新发展和新突破。但建立这一门科学可能比其他科学更为困难些，不仅是因为人文世界领域广阔，而且使人研究人，不同于人研究物。研究者必须要有一种新的观点和境界，就是研究者不但要把所研究的对象看成身外之物，而且还要能利用自己是人这一特点，设身处地地去了解这个被研究的对象。

——费孝通[1]

一、人类学者的成年：田野研究的独特贡献

人类学者的成年，作为人类学研究的永恒命题，强调人类学研究者以及人类学的学科发展是与研究者的田野研究经历及人类文明的进程相伴而生、相互促进的动态过程；更多的是从

学科发展史的角度，讲人类学研究中的"人我关系"，以及田野研究对于人类学学科发展的意义和价值。人类学作为一门人文学科，其学科发展史即人类文明的演进历史，因而具有时代性、综合性和复杂性。人类学者的成年作为一个学科命题、学术命题，集中体现了人类学的整体观，进而成为一个宏大叙事。而从研究者的生活史、田野研究的经历出发，深入呈现研究者自身在田野中的所见所闻所思，以及文化意义上的"成人"历程，这样一个微观视角，在中国的教育人类学研究中还不多见。

　　本书中的"成年"一词主要受到人类学经典著作《萨摩亚人的成年》一书的启发。在我看来，这本书并非仅仅讲述萨摩亚人的成人、成年历程，"成年"作为一种隐喻，也引申出了"人类学者的成年"这样一个永恒问题。这个问题显然一直是存在的，也是东西方学界普遍适用的，但因为研究者自身的"不在场"，即自身田野研究经历在人类学书写中的"缺席"，所以作为一种"默会知识"一直处于被遮蔽的状态。伴随着《写文化》《一本严格意义上的日记》等一系列人类学经典著作的面世，人类学者的田野研究经历和田野故事，从人类学写作中不值一提的"边角碎料"，逐渐走到了人类学研究前台。"认识你自己"包括作为研究者的"自己"，这样一个哲学命题，必然进入人类学的视野，成为人类学研究绕不过去的话题。只有说明了"研究者是谁，研究问题从何而来"这些本体论的问题，才能揭示"哪些人、什么样的问题"是如何进入研究者的视野，进而围绕此展开一系列研究活动的；才能明白那些看似与研究者毫无关系的"他者"和"异文化"对于研究者自身及所处文化场域的意义和价值所在，人类学作为一种跨文化比较研究的意义才得以凸显出来。因为人类学研究并不是一味地满足研究者的个人好奇或文化猎奇，而是希望在他者那里看到自己。正是这样的学科意识和文化自觉，才能促使那些不为人所知的研究者个人研究经历，那些与人类学研究议题（例如学校组织文化、师生互动等）相伴而生的、研究者作为具体的人而生发出来的喜怒哀乐和个人情感，以及由于文化冲击带来的震撼使研究者产生的思想、认知、情感体验、行为模式等方面的复杂变化，才得以显现出来。但在中国传统文化强调含蓄内隐的文化惯习之下，作为一名中国学者，要像《一本严格意义上的日记》那样将研究者自身和盘托出，往往是需要一定的学术勇气的，因为它与一味强调客观公正、价值无涉、情感无涉的所谓严格意义上的学术研究是相背离的。在此意义上，这样的写作本身对于中国的教育人类学研究也是一个大胆的尝试与创新。

与"我是谁，我从哪里来，要到哪里去"的哲学问题不同的是，人类学对该问题的探讨是发生在具体的时空背景和历史文化脉络中，通过对具体的历史文化现象进行"深描"和叙事探究展开的。这种探讨不是空洞无物的，而是体现为一种具象思维，是言之有物的，同时又是建立在一定理论基础之上，借助社会学、人类学的想象力实现的，并不是对社会现实和文化现象进行简单的临摹和再现。这样一种学术共识并不是自人类学诞生就有的，而是在人类学学科发展到一定历史阶段，即实验民族志或解释民族志等后现代思维诞生之后，人类学对人的探索之旅才从早期的对异文化的探索，转化为对研究者所处的"主流文化"的自我审视。仅仅关注少数民族、族群等荒蛮异域的早期人类学研究，体现了居于文化高位者的"他者视角"和文化自信，"人类学之所见"看到的更多是作为研究对象的他者，很少把审视的目光指向自身及其所处的文化，即所谓"灯下黑"，见他人而不见自己。如果人类学研究缺少对自身文化的洞察，缺失了"互为他者性"的相互审视，那么，这样的文化洞察也是不彻底的，对自身文化的发展和进步也是无益的。而真正意义上的文化自觉和文化自信，只能是从自我出发，在多元文化对话基础上形成对自身文化的充分认知，并最终回到人本身，回到对自身文化的反思与觉察中，由此推进人类文化和文明的进步与发展。

正如美国著名人类学家克利福德·格尔茨在《文化的解释》一书中所说[2]：

> 如果你想理解一门学科是什么，你首先应该观察的，不是这门学科的理论或发现，当然更不是它的辩护士们说了些什么；你应该观察这门学科的实践者们在做些什么。

真正的人类学研究一定是在具体的田野研究情境中发生的，而不是一门"摇椅上的学问"。人类学研究的在地性、情境性，使得人类学研究具有了某种文化探险的性质，总是与一些或平淡无奇、或惊心动魄的故事相关。无论研究者是否出身名门、学统高贵，或饱读诗书、满腹经纶，当你开始走进田野开展真正意义上的人类学研究时，就意味着必须要走进具体的普通人的生活世界，因此，你就不得不沉下心来，耐心细致地去观察、记录和呈现那些普通人的日常生活琐事，在研究过程中也不得不面对柴米油盐、人情冷暖的生活俗事，并与田野中千奇百怪、复杂多变的人与事发生各不相同的互动关系。如果说一般意义上的学术研究可以让人超凡脱俗，人类学研究则必须回归普通人的日常生活。因此，对于人类学研究者而言，最重要的品质就是平民意识和平民立场。

二、时空境遇：开启田野故事的叙事之门

　　学术并非都是绷着脸讲大道理，研究也不限于泡图书馆。有这样一种学术研究，研究者对一个地方、一群人感兴趣，怀着浪漫的想象跑到那里生活，在与人亲密接触的过程中获得他们生活的故事，最后又回到自己原先的日常生活，开始有条有理地叙述那里的所见所闻——很遗憾，人类学的这种研究路径在中国还是很冷清的。

——高丙中[3]

高丙中先生在《写文化》一书的总序中写下这段话，正是 2006 年 2 月 4 日立春这一天。"一年之计在于春"，这个日子是否也意味着中国人类学研究的春天已经到来？ 15 年后的立春这一天，我再次读到这段话时犹如初见，心里似乎有什么东西破开了。这种感觉唤醒了我写作田野故事的冲动，于是，有了这本书的开头。这场写作于我有一种超越时空的对话感，仿佛在与这位长者面对面地促膝长谈。

2020 年的春天，中国经历着一场前所未有的新冠疫情的肆虐，人们快速运转的日常生活被按下了暂停键，绝大多数中国人只能待在家里。我在这次"闭关"中开始了本书的写作。在这样一个特殊的时空背景下，回顾并梳理自己的田野研究经历，无疑增加了一份历史感。

我有幸在中国这片热土上执着地从事教育人类学的田野研究工作，并坚持"实事求是做学问，不讲空话大话套话"的研究初心不变，内心是感到庆幸和欣慰的。这得感谢我身处的这个日益开放包容的时代，允许像我这样的学者从事自己喜欢的寂寞的人类学研究工作。近年来"非聘即走"的学术评价体系不断增强着学者生存的压迫感，田野研究这样一件"劳神、费力、低产出"的研究工作，在当下高校重视量化研究，一切都要靠数据说话，以及名牌大学流行的"非聘即走"的怪异的学术评价体制中显得那样不合时宜。当人人都在操弄着现代化的高科技设备，尤其是倚重计算机的数据处理技术时，田野研究无疑就像愚公移山一样原始笨拙。如果没有强烈的学术好奇心的驱使，是难以走上这条艰辛的、在精致的利己主义者看来费力不讨好的田野研究道路的。单是这样一种叙事性的表达，在今天这样一个充斥着西方抽象概念的学术话语体系中，也是很难得到承认的。因此，研究什么问题，用什么方法进行研究，研究结果如何呈现，这些有关知识生产方式的问题，本身就意涵着知识与权力的关系，进而成为知识社会学研究的重要议题。

　　将自己田野研究经历的回顾与反思写出来，最早源于 2016 年 10 月我参加陈向明老师主持的"实践与反思：质性研究工作坊"。会议期间我做了一个关于研究者角色建构的主题发言，介绍了自己所做的几项研究，以及对研究者角色问题的思考。发言得到了重庆大学出版社林佳木编辑的肯定，她邀请我将自己的田野研究经历以叙事体的形式写下来，篇幅不必太长，可以慢慢写。这个慢慢写的约定就成了我拖延的借口，转眼间四年过去了。

　　2019 年春节，在家闲来无事，我买来王安忆的小说《考工记》慢慢品读。在这个电子读物越来越多的时代，我依然喜欢读纸质版的小说。每当我手捧散发着墨香的小说慢慢品味时，总有一种穿越时空的感觉。读小说这一喜好，算是我作为大学中文系学生的一份美好青春记忆的延续。《考工记》中王安忆将一个人与几个时代、一座房子的历史娓娓道来，我是不是也可以将自己 20 多年从事田野研究的经历写下来，为那些苦于"质性研究听起来容易做起来难，悟道更难"的青年学者提供一些借鉴？尽管这些研究经历深深地打上了我这个研究者的个人烙印，却是对质性研究中"研究者即研究工具"的最好诠释与说明。也许是因为到了现在这个年龄，"历史感"一词不断冲击着我的头脑，回顾自己的田野研究经历，总能唤起我许多对过往的美好记忆。

多年的阅读经历中，我有一个习惯，那就是探究一本书背后的那些故事，即作者为什么要写这样一本书？作者创作或写作的动力是什么？她/他想要回应怎样的个人困扰或社会议题？于是，我看看前言，看看后记，努力去寻找客观化知识背后的答案，这个过程有点像是窥视作者的隐私。然而在书中我们很少能看到作者个人思想情感的表达，个人观点只有通过化身为"真理"话语，以"我们"或"人民"的名义出现，才能获得话语权或言说的合法性。对那些长期从事田野研究的学者而言，在真实的田野里一定发生过许多不为外人所知的故事，这些故事经常被作为一项严肃的学术研究的边角碎料，很少被写进论文、专著或学位论文里。对质性研究而言，论文呈现出的事实只是冰山一角，即一项研究可见的那一部分，只是呈现了一种可能的生活或一种可能的表达，它一定会有其他的可能或可能的表达。时过境迁，再次审视自己的田野研究，审视当时的田野和田野中的自己，就是在与一部已完成作品进行对话，无疑是一种再创造、一次对历史的新讲述，是在已有历史事实基础上的叠加或重塑。这样的写作本身就是一种挑战，它重新唤起了我当年从事田野研究的好奇与冲动。

从事人类学研究的学者们，身上似乎有着某些共同的气质。例如，对外部世界、对异文化充满了好奇和执着，这份执着使他们甘愿放弃自己熟悉的生活，独自来到偏乡僻壤，注定要忍受常人难以忍受的孤独与寂寞，而这一切在外人看来是那么得不偿失：他们所呈现的不过是一些平凡人的普通生活而已。但正是这样的记录与呈现，为我们提供了理解世界的丰富性和多样性的文本。

在这场写作中，我自己内向的性格、生活的环境、生活阅历和学习经历等诸多看似平常的和看似偶然却成为必然的经历，被串联了起来，构成了作为田野研究工作者的我自己，以及我独有的田野故事。这本书以自我民族志的方式呈现了我作为一个田野工作者，是如何成长，又是如何从事田野研究的？在自己的田野里与研究对象之间发生了怎样的际遇？这些经历又如何成为我的田野研究的一部分？在此意义上，了解"我"作为一个研究者的生活史，构成了我的田野研究中必不可少的一部分。对于人类学研究而言，研究者自身就是一部历史，她/他所从事的田野研究构成了这条相对很小的历史之河中的重要组成部分。当我将书稿交付出版之时，书稿已不再属于我自己，而是汇入了更大的历史长河中。书稿与我之间不再是一种依附性关系，而各自变成了独立的存在。

------ 知 ------ 识 ------ 卡 ------ 片 ------

民族志的概貌

通过自我反省地关注写作策略，经验性研究专著同样成为具有高度理论意义和雄心的著作……我们迫切需要对于世界的淘金者般的眼光，这种眼光显然正是文化人类学在这一时代的力量和魅力所在。

人类学独一无二的研究方法——民族志——长久以来密切关注对社会和文化进程进行细致观察的记录、解释与描述的问题。很久以来，公众把人类学当作是对所谓的原始、与世隔绝的社会的研究。实际上，人类学在一段时期以来已将其"淘金者的眼光和方法"越来越多地应用到对于复杂的民族－国家（包括我们自己的社会）的研究……随着跨越社会科学和人文科学传统界线的纽带被牢固地建立起来，除了如文学评论这样的学科之外，人类学也成为学科与学科之间理论和方法传播的渠道。描写异文化的传统惯例在现代经历的变化，是人类学之当代策略性功能与运作效用之所在。[4]

一、实验人种志

作为人类学发展史上的实验人种志，将研究聚焦于田野研究本身，是对田野研究的研究，此类研究在国外已经受到较多关注，例如《写文化——民族志的诗学和政治学》一书中收录的文章，都属于此类。1984 年 4 月 16—20 日，10 位中青年学者在美国新墨西哥州圣菲的美洲研究院召开了题为"民族志文本的打造"的研讨会，与会者当时都已经在民族志的文本分析和实践创新方面积累了独到的经验，《写文化》一书便是这次会议的论文汇编。它的出版是民族志发展到新的时期的一个标志。

根据高丙中先生的理解，把关于异地人群的所见所闻写给和自己一样的人阅读，这种著述被归为"民族志"。从作者的异地经历的参与深度和讲述心态来看，民族志的演进大致分为三个时代。第一个时代的民族志是自发性的、随意性的和业余性的。以中国的《山海经》、欧洲中世纪的《马可波罗行记》为代表。马林诺夫斯基的《西太平洋的航海者》确立了"科学人类学的民族志"的准则，标志着人类学进入"科学民族志"时代。而民族志发展的第三个时代是从反思以"科学"自我期许的人类学家的知识生产过程开始萌芽的。知识创新的批判精神在现象学哲学、解释学、后现代主义思潮渗入实地调查的经验研究方法之后，在20世纪60年代末和70年代催生了人类学的反思意识，拉比诺的《摩洛哥田野作业反思》(1977)为其代表。布迪厄在该书的跋中直接把拉比诺的创意概括为"把对对象的研究作为研究对象"。它标志着实验人种志的诞生。它的出版是民族志进入第三个时代的标志。[3]

二、解释人类学

我们把反映民族志实践和写作的话语称为"解释人类学"（interpretive anthropology）。"解释人类学"产生于20世纪60年代的文化人类学界，它代表人类学者的注意力从建构文化整体理论转移到反思民族志的田野工作和写作中，它主要的代表人物是克里福德·吉尔兹。这位人类学家的著作使解释人类学的影响扩大到广泛的知识界和读者群，成为最富力量的人类学写作风格的代表。[4]

三、批判民族志

人类学、民族学系统的内部自我批判早在 20 世纪六七十年代就已开始，80 年代出版的《写文化》便是一个标志。对学科起源的质疑已不是新鲜话题，人文学科的技术趋势、割裂倾向所反映的异化实质也已被经常检讨。中国人文科学的研究跟随着经济的发展，开始走向海外，学科和学者的自我反省显得尤其紧迫。[5]

批判民族志有三个标准：将参与者的经验与更大范围的社会结构联系起来，民族志的解释有助于被研究的个体相互之间建立联系，批判的民族志研究者研究他们自己的实践。[6]

第一章

研究问题的诞生：基于我的博士论文写作经历

> 民族志不仅仅意味着一种方法论，它更是一种生活方式。
>
> ——大卫·费特曼[7]

只有回答了"研究者是谁？从哪里来？要到哪里去？"等本体论问题，才能揭示研究问题的本源所在。研究问题从哪里来，即人的知识是从哪里来的，人的认识是怎样发生的。我们通常说，研究始于兴趣，兴趣是最好的老师。除了人们关注的社会热点问题、重要的理论问题外，研究者的个人旨趣无疑对研究问题的选择具有决定性的作用。研究建立在个人经验或经历的基础之上，而经验或经历本身就是一种实践性知识，这在人类学研究中显得尤为重要，正所谓"纸上得来终觉浅，绝知此事要躬行"。在此意义上，好的研究都是一项私人定制。

一、问题意识从何而来

任何学术研究都是建立在研究者的肉身存在的基础之上的，存在决定意识，研究者的当下性决定了学术研究的起始点。博士论文的研究选题，绝对不应是空穴来风，一定程度上是研究者全部的个人生活史和学术积淀的结晶，研究史构成生活史必不可少的一部分。个人情感因素作为学术研究的原动力，在研究工作中发挥着重要作用。尤其是在面对田野研究的艰苦条件和许多常人难以克服的孤独寂寞时，如果没有个人情感的投入，很难将研究进行下去。

（一）研究选题中的情感因素

作为一个人类学研究者，我全部的生活史都是在学校里"书写"的：生长于一个中学教师家庭，从小在学校里长大，在学校里学习，长大后在学校工作，工作单位从中学到大学。学校构成了我的生活、工作场域，自己的喜怒哀乐也都与学校生活有关，甚至我居住的小区都在中小学旁边——学校的升旗、做操、运动会这些日常生活的情景，每天都发生在自己身边。所以，我始终把自己定位为一个"学校中人"。四年中学教师的工作经历，帮助我完成了作为教师的职业社会化历程。严格的时间观念，与同事、学生密切的交往性关系，对教育的热情与激情，这些青春年华的美好记忆，一直伴随着我的教学与研究，为自己的教师生涯打下了温暖的生命底色。在外人眼里，我是一个更像中学教师的大学教师，跟中小学有着天然的亲近，所以在中小学做田野研究似乎成了我学术研究的宿命——既然是一个学校中人，学校是我最熟悉、最热爱的地方，自然就成为我的研究田野。无论是我的硕士论文、博士论文，还是博士后研究至今的全部研究历程，都围绕着学校教育人类学这一主题。不同的研究选题，为我提供了走进学校田野、呈现学校生活的不同研究视角，或者说是换了不同的镜子来"镜现"学校和自己。

我的第一项田野研究是 1988—1991 年完成的硕士学位论文。论文题目是"农村中等教育社会化研究"，关注的是农村中等生的出路问题，研究田野是老家邹平。在交通条件不发达的年代，徒步下乡收集资料的过程，让我初步领略了田野研究的魅力，也在实践中增长了见识，看到了外面的世界和不一样的人。我对农村生活的情感源于童年时曾在山东邹平短暂居住过。大学期间每到暑假，我都会选择到老家小住几日。农村生活经历使得我的个人学术研究更接地气。硕士毕业后，带着投身教育实践的热情和激情，我来到了山东东营石油大学高教研究室，开始了在工科院校从事教学、科研的新历程。听工科的课程、到学生实习点参观考察、参与工科课题管理等，都增强和锻炼了我求真务实的学术品质。

这个时期，我的个人生活发生了重大变故。那时我已结婚，儿子出生了，丈夫还在读书。1993 年他研究生毕业，我们结束了长达八年的两地分居生活，一家人终于团聚了。然而好景不长，1995 年丈夫在打篮球时意外受伤，到医院检查发现已是肝癌晚期并转移到腰部。经过半年多的治疗，丈夫不幸去世，当时儿子不到四岁。面对这一巨大打击，我一心想要改变生活环境，把主要精力转移到考博的准备中。皇天不负苦心人，1997 年 7 月，带着对重回大学校园的无限憧憬，我将只有五岁的儿子托付给父母照料，毅然决然来到上海，来到华东师范大学，开始了博士研究生的学习历程。

博士生生活对于我，意味着告别痛苦、开启新的人生。开始的时候，我一方面要适应新的学习环境、生活环境，另一方面依然受困于过去生活的阴影。那时的我，投身于学习、运动，每个周末几乎都是在图书馆度过的。后来，我常常跟学生讲起自己的读博经历，他们感受到的多是学生时代的美好，而我那时的内心苦楚却难以跟外人讲起。这种内心体验可以借用刘小枫的"沉重的肉身"来形容。那段时间里，最理解我并给予我无微不至的关心的是导师金一鸣先生，他对我生活、学习上的关心与爱护，在很多方面胜过我的家人，让我难以忘怀。

金老师是一个话很少不善言谈的人，性格内向、内心敏感脆弱的我，每次与导师见面都感到格外胆怯，而他总是用慈祥的目光注视着我，问我有没有什么困难需要帮助。正是他的不善言谈，使得我们的每次见面都变成了我单方面的诉说，他静静地听，但总能给予我适当的点拨与指导。为了帮助我从过去生活的阴影中走出来，他还委托学院领导——一位慈祥的女书记跟我谈心。就这样，在周围老师同学的关爱与帮助下，我渐渐变得开朗乐观起来，这个变化从当年学生时代的照片中可以看得出来。应该说，是这段学习生活拯救了我。那些毕业论文后记中三言两语一带而过的感谢语，在我心里则是一段长长的生活记忆。回首过去，当年的苦楚都变成了美好，这段学习历程构成了我个人生活史中的关键事件。

　　在别人眼里，博士论文可能仅仅是一段学习经历，对我而言，则有特殊的生命意义和价值。博士论文的写作成为帮助我走出过去的一剂良药，进而成为我的生活史的重要部分。在我这里，研究史与生活史是合二为一的。我把这段田野研究经历理解为一段感情的自我放逐，即放弃自己熟悉的生活，在不断的离去中发现和寻找人生的意义和价值，只有这样才能获得新生。从山东来到上海，又从上海来到偏远的乡村——江阴华士实验学校，前前后后在这里度过了一年多的时间。这里既是我研究的田野，也是我发现自己作为独立个体的意义和价值的地方，我在这里获得了重生。这段心路历程可以借用刘小枫的另外一个书名"拯救与逍遥"来形容。那些行走在城市与乡村之间看似逍遥的田野研究经历，背后有着沉重的自我拯救的艰辛与努力。这段生活经历告诉我，一个人如果能从生活的苦难中挺过来，那么这些经历一定会成为一笔宝贵的精神财富。

（二）研究问题中的对话意识

人的认识总是受到诸多主客观因素的制约与影响，其中的主观因素包括研究者自身的认知水平、情感因素及生活状态等复杂存在。正是背负着亲人离世这一"沉重肉身"的存在，使得我对师生关系，尤其是人与人之间的真诚情感有着特殊的敏感和体认。学生时代早年因受到教师的不公正对待产生的对教师的恐惧，使我对平等尊重的师生关系充满着期待。华东师范大学开放包容的海派文化，以及金一鸣老师无微不至的关心爱护，改变了我对学校教育以及师生不平等关系的刻板印象。瞿葆奎、叶澜、陆有铨等老师的言传身教也让我体悟到：师生之间并非只有教学关系这一种工作关系，还有人与人之间的交往性关系存在。教师对学生如果能够真心付出，爱生如子，一定可以收获情感回报。这个认识是我博士研究生三年最大的收获。作为个人困扰的师生关系，在华东师大的学术氛围中，在金一鸣老师的身体力行、以身垂范中化解了。当然，这样的认识与思考过程也转化为我的博士论文选题：师生互动关系中的学生自主性研究。

所谓"研究要站在前人的肩膀上"，即任何研究问题都有其特殊的历史发展脉络或文化语境。一项好的研究要有明确的对话意识，主要包括三个层面的对话：第一，与自己的生活史进行对话，即我为什么要做这个研究，我有哪些优势与劣势；第二，与前人已有相关研究成果进行对话；第三，与该类研究的研究方法进行对话。①

1. 与个人生活史的对话

我出生于中学教师家庭，从小在学校里长大。记得有一年的暑假，因学校教师宿舍维修，我们还在教室里住过一段时间。小时候甚至我的小辫子都是爸爸的学生帮着梳的；上小学时我就帮着爸爸刻钢板，学生们带着墨香的数学试卷上留下了我稚嫩的笔迹。校园生活是我最美好的童年记忆，因为从小长在学校，所以成为一名中学教师就是我那时候的职业理想。因此，对我而言，两年的师专学习经历和四年的中学教师工作经历，正是自己学术生命的根基所在。我在这个时期形成的对教育的初步理解，对教育实践的热血激情，对美好爱情的执着追求，都成为自己无法抹去的青春记忆和教育原动力。虽然学生时代我成绩平平，但却一直保持着对教育事业的无比热爱，虽历经磨难仍初心不改，从专科到硕士、博士、博士后，一路孜孜以求。不断地求学深造，看似日益远离基础教育实践，实则是另外一种意义上的回归；学术研究过程成为我不断与基础教育实践进行对话的过程，也是另外一种意义上的不忘初心。

我作为研究者，个人身份是大学教师，思考的问题却始终是基础教育实践中的问题，这就注定了我始终是大学学院派中的另类或局外人。正是这种局外人的身份，让我找到了属于自

---

①　此观点受到南京大学社会学院人类学研究所杨渝东老师的启发，在此表示感谢！

己的研究田野，即到中小学去开展田野研究。这种来自实践、反观实践的研究路径，其独特意义和价值在于亲近感与距离感兼备：对教育实践的体认所产生的亲近感，决定了我所具有的实践关怀，而不像纯粹的学院派学者那样，在中小学教师面前表现出某种优越感，以及对底层或基层教师的歧视。这种精英主义的文化心态在高校教师中普遍存在，在我看来，这种身份意识是不利于开展田野研究工作的。好的人类学家应该具有一种平等意识和平等关怀，只有这样，才能走进不同的人群，了解不同的社会生活。同时，又应拥有距离感，这样才有批判、反思的可能。相较于中小学教师，我因为有距离感，可以保持对教育实践的好奇心和研究热情；相较于理论工作者，我则多了一份对实践问题的敏感。在此意义上，我作为研究者的个人经历是独一无二的，也是不可复制的。

我的博士论文选题是：师生互动关系中的学生主体性研究。我对这个问题的关注源于自己多年来的学校生活体验。我在自己的求学经历中接受的是传统的"听话教育"，作为学生的自己是毫无自主性可言的，在师生的交往性关系中尤其如此。我相信，与我有着同样经历的学生一定不在少数。正如人们通常所说，缺什么就研究什么。于是，我把师生互动关系中的学生主体性作为自己的研究选题。而激发出这一选题的则是读博期间我与金老师之间良好互动关系的建立。整个博士论文写作过程既是金老师手把手地教我如何开展田野研究的过程，也是一种真正平等意义上的人际互动过程。这个过程中充满着人性的光辉，他让我体会到什么叫真正的关心爱护学生，什么叫因材施教，什么是平等尊重、设身处地为别人着想。每个月往返于华东师大与学校田野之间，我把自己田野研究过程中的迷茫与困惑、希望与失望，向着导师娓娓道来，这些成为我博士论文写作过程中一段段美好的记忆。同时，这段关系也是对"师生互动关系"以及"学生主体性"的最好诠释。学生时代的我沉默寡言、内向自卑，而后来成长为充满自信、性格坚毅，勇敢面对生活中的磨难，把握自己命运的强者，正是得到这一美好的师生关系蕴含着的精神力量激励的具体体现。

2. 与己有研究主题的对话

我对师生关系中学生自主性问题的探讨，源于自己生活经历中的某些缺憾，这些缺憾在今天看来也是我国传统文化的缺憾，即：师道尊严的学校文化，导致师生关系长期处于一种对立与隔膜的状态。我对这种学习状态的觉察是从博士学习阶段的师生互动关系中萌生的。从我自身的理论储备来看，选择这个问题进行研究也不是偶然的。我硕士研究生阶段接触了大量西方思想文化读物，对比之下，便对中国传统文化中劣根性的部分开始了思考。除了阅读经历之外，我父母对子女婚姻的粗暴干涉，于我是切肤之痛。那段时间我经常把自己的家庭与巴金小说《家》相对照。那个时期最喜欢的著作是李泽厚等人对于中国传统文化所做的一系列反思与批判，而主体性问题正是

20世纪80年代到90年代哲学界、教育学界关注的热点问题之一。从对哲学中人的主体性问题的探讨，延伸到教育学领域对学生主体性，尤其是师生关系中的学生主体性问题的探讨，对于我就成为一件自然而然的事情。

3. 与同类主题研究方法的对话

20世纪90年代的教育学领域，充斥的是哲学思辨式的研究，虽然调查研究方法在社会学领域非常普遍，但是，用社会学的调查研究方法完成教育学论文的写作，在当时并不多见，而我却有这样的经历。

1988—1991年我在山东曲阜师范大学攻读硕士学位期间，参与了一项对农村民办教师生活状况的实地调查研究。那次研究经历对我触动很大，之前虽然读过晏阳初、梁漱溟等人的农村问题调查报告，但是亲身的实践和体验仍然对我产生了非常重要的影响。当时我们一群研究生在一位教师的带领下，走访了沂蒙山区民办教师的家庭，他们一家人常年的口粮就是摞在一起的厚厚的煎饼；窗户是没有玻璃的，只有一层薄薄的窗纸。即使生活如此艰辛，他们仍保持着热情好客的淳朴民风，执意留我们吃饭。这些情景给我留下了深刻的印象。在亲近乡土的同时，我也了解到了民办教师在艰苦条件下对乡村教育的坚守。

幼年时我曾被父母送到农村亲戚家短暂生活过一段时间，这让我骨子里有一种亲近乡土的情感，读大学时每年暑假都要去老家住些日子。这次调查体验对一直生活在城市、但有过短暂的农村生活经历的我来说，是既新鲜又好奇的，从而激发了我对农村教育的研究兴趣。正是这段调查经历，使得研究生时期的我有勇气只身一人到农村去开展调查研究。我的硕士论文选题是对农村初等教育社会化问题的探讨，即探索农村初中生的出路问题。为此，我曾到老家邹平——当年晏阳初搞农村教育的地方去收集数据资料。虽然当时的研究条件非常有限，在人地两生的情况下主要以当地教育局提供的资料为主，研究方法的使用也非常粗浅，但是对年轻时的自己而言，仍然是一个很好的学习和锻炼机会。这次调查为我后来的田野研究打下了初步基础，也为后来的一系列研究打下了求真务实的文化底色。

影响我对研究方法选择的还有一个重要因素，就是华东师大教育学专业长期积淀形成的关注教育实践的学术传统。当时叶澜教授的新基础教育实验正在如火如荼地推进，我曾在一个600人的大礼堂里聆听过叶澜老师对新基础教育的介绍。可以用"热血沸腾"这个词形容自己当时的内心感受，当时我就有了一种加入新基础教育实验的强烈冲动。参观考察了叶老师在上海的新基础教育实验学校之后，同时也是受到她的精神感召，我毅然选择了以农村中小学校为研究对象完成自己的博士论文。

二、教学建议：如何创生研究问题？

（一）适切性：研究问题与研究方法的匹配

众所周知，研究问题决定研究方法，研究方法是为研究问题服务的，适合的就是最好的。对研究问题的适切性，套用一句流行的话就是，"没有最好，只有更好"。质性研究的研究问题有其特殊性，换句话说，不是所有的研究问题都适合用质性研究方法来完成，研究问题与研究方法一定要适切。

很多硕士、博士研究生或者是因为喜欢质性研究方法，或者是觉得质性研究方法相对于量化研究或哲学思辨式研究更容易，因而选择运用这一研究方法。从教育学原理专业研究生的论文选题来看，20 世纪 90 年代以哲学思辨式研究为主，近年来质性研究、量化研究逐渐增多，出现了多种研究范式并存的局面。近几年来实证研究风气大盛，尤其量化研究备受关注。而多年的质性研究方法教学实践告诉我，质性研究方法往往是入门容易做好难。

研究生对研究问题的论证，往往受到许多主客观因素的制约与影响，在一定程度上可以说，研究问题的产生本身就是一种社会建构。除了瞄准重大的社会关切问题之外，有的学生也会将研究选题与自己未来的职业选择、工作谋取等现实问题联系起来。同时，论文选题绝非纯粹的个人行为，个人的研究旨趣固然重要，但也会受到自己导师的研究方向、学术喜好，以及所在学校或所在学科领域的研究传统的制约与影响。有些学校或学科领域并不认可质性研究这一研究范式，因而也不支持学生从事此类研究。随着质性研究范式逐渐被人们认可，这种情况在教育学科领域已经有了很大改观。有许多师范院校开设了质性研究方法这门课程，但师资不足仍是一个关键问题。除此之外，在很多情况下导师的意志也发挥着重要作用，有的导师要求研究生的论文题目必须是做自己的研究课题。不过，我带研究生时选题是尊重学生的个人意愿的，在我看来，学位论文毕竟是他们个人学术生涯中最重要的一件事，只有自己喜欢的课题才有可能做好。如果学生找不到适合自己的题目，导师也可以为其推荐研究课题，但前提是尊重学生个人的研究意愿。

对质性研究，研究者的生活史是一个绕不过去的话题，它在很大程度上回答了研究问题从哪里来这一关键问题。任何研究都可以从个人生活史中找到依据。无论是对研究问题，还是研究方法，甚至研究田野的选择，莫不如此。在质性研究中，研究者的生活史不仅可以作为研究视角、研究方法，而且具有本体论的意义和价值。质性研究本身成为研究者所处历史之河的一部分。每个人的生活史都是独一无二的，在此意义上，任何研究都是独一无二的。研究者的个人生活史与研究史之间的内在一致性，经常会被科学理性的普遍主义的价值追求所消解或掩盖。在学术场域中，研究问题的确定，研究方法的选择，都会受到研究者所处学术共同体的潜移默化的作用与影响。对于一个重理论轻实践的学术共同体，实践取向的研究往往会被边缘化，进而处于大学知识权力系谱的最底层。为此，有些高校教师刻意掩盖自己的中师或大专教师的生活经历，以融入大学学院派的主流。这种现象向我们传递着这样的信息，大学知识阶层的宽容度和包容度是有其局限性的。

（二）实践感：从"逻辑的实践"到"实践的逻辑"

田野研究者进入田野之后，最重要的是实现从"逻辑的实践"向"实践的逻辑"的转变。实际的或真实的课堂或学校生活既不像哲学思辨研究那样合乎逻辑，也不像教育学研究那样合乎理想，更不像学校的宣传报道那样近乎完美。我博士论文选择研究的这所学校是华东师大教育系的实验学校，在教育理念和教学做法方面很有代表性，即使以今天的眼光来看依然比较先进——一所苏南地区的农村中心学校早在20世纪90年代，就有自己的课题研究指南，教师发表的文章数量可观。当然这样的先进性是相对的，跟发达地区的学校相比，仍然存在一定差距。其实，各个地区经济社会发展水平不一，学校教育的存在样态也是千姿百态的，并不存在统一的标准。这是我进入基础教育研究20多年，走过很多学校，甚至作为大学与中小学合作项目负责人承担了一个为期八年的学校改革项目之后，才获得的比较贴近学校教育实际的理解与认识。而博士生时期的我获得这一认识，经历了一个非常艰难的过程。幸运的是，导师金一鸣先生给予了我细致入微的指导，他依靠自己的人生阅历和对教育实践的洞察能力，总能在我遇到困难时给予适逢其时的引导和帮助，为我树立了一个"人生导师"的师者典范。

用今天的专业眼光来看，我的博士论文运用田野研究的方法研究"师生互动关系中的学生自主性问题"，也许并不是一个好的研究选题。通过深入学校或课堂教学进行长期的实地观察，收集到大量的第一手资料，进而发现师生关系中存在的问题，这是我最初的想法。但是进入田野之后我才发现，这一想法主要建立在前期文献研究基础之上，遵循的是布迪厄所说的"逻辑的实践"，即从哲学层面人的主体性，推演到教育层面人的主体性，以及师生互动关系中的学生主体性。除此之外，我对这一问题的关注主要来源于自己的学校生活体验，即学生主体性的发挥在很大程度上受到了师生关系的影响。博士论文的研究，将我的个人困扰上升为公共话题，从一滴水见大海，是基于这样一个社会学的研究假设：从某种程度上看，任何个体都是社会总体中的一部分，从个体身上可以折射出或发现社会的总体性特征。

目前的研究生培养制度中，研究生在开始论文的研究之前，一定要有开题报告环节，即对研究的可行性加以论证，只有得到导师组的认可后方可继续进行研究。开题报告的一个重要内容就是提供论文写作框架。这一定制化的统一要求对于田野研究往往没有任何实际意义，因为在研究者没有进入田野开始研究之前，开题报告中的研究框架只能是一个大致的研究思路。以我的博士论文开题报告中的研究框架为作为例子。

研究设计：

确定被研究的现象、对象

用问题的形式表述为："随着学生年龄的变化，师生互动关系对学生自主性发展的影响有何不同？"

预示性问题有：

（1）不同性别、年龄学生间的互动

（2）教师群体间的互动

（3）不同年级、性别师生间的互动

（4）课程在师生互动中的作用

具体内容包括：

教师：个人特质（人格类型、兴趣爱好、教学水平、领导方式、阶级、阶层等）

教师群体（班主任、任课教师、非任课教师、少先队辅导员等）

学生：个人情况（年龄、性别、性格、家庭背景、兴趣爱好等）

学生群体（正式群体、非正式群体、班集体）

师生互动的内涵：包括制度层面、观念层面、文化层面三个层面。

研究对象：

（1）小学一、三、五年级各取一个班级。每个班级各观察一个月。

（2）观察以课内活动为主，也包括课外活动。

（3）研究时间共计一年左右。

从我当初拟定的研究计划中可以发现，我把学生的年龄作为一个主要变量，拟研究问题的范围主要围绕师生互动关系展开，并没有把师生互动关系和学生自主性发展放到学校具体的社会文化背景下加以考察。当时的研究思路完全是"书斋式"研究，并没有深入到教学实际中，更不知道如何在实践中开展研究工作；对于具体的研究思路和研究方法，也没有一个清晰的规划。

虽然我自己有中学教学的实践经验，但是如何在中学开展田野研究，对我仍然是一个全新的事物。从教学一线的"局内人"向田野研究的"旁观者"的角色转变，对有一定实践经验的研究者是必须要经历的一段心路历程。研究者的"前认知"或已有经验，有其有利的一面，比如更容易进入研究现场；也有其不利的一面，即作为实践者的经历，有可能形成一定的思维定式或个人偏见，对保持研究的客观性、中立性可能会带来一定的干扰。因此，在研究过程中要尽可能"悬置"自己的前认知。

正是基于我个人的研究经历，**我在指导研究生开展质性研究时，特别强调在研究选题确定之前，一定要事先提出问题，带着问题进入田野进行预研究。最起码要将研究问题进行一定的转化——从理论向实践的转化，将从书本和文献资料中获取**

的抽象概念、静态的研究问题转化为可观察和可操作的研究行动提纲。这需要研究者对田野或研究问题获得一定的现场感或实践感，否则就会出现学究式的谬误。[8]

（三）研究问题的开放性：人不可以两次踏进同一条河流

正如哲学家所说，人不可以两次踏进同一条河流。这句话用来说明田野研究的开放性是非常恰切的。田野研究作为一种人类知识的生产方式和建构方式，充分体现了人类认识活动的开放性、生成性。它不是由静态的逻辑产生的，而是在行为中动态生成的。它将人类认识活动的发生者——主动建构知识的研究者，置于由生活实践的能动者构成的研究现场中，他们在具体的时间空间内发生着互动关系，进而集体性地生产着人文社会科学知识，这一过程的动态性、生成性、开放性，通过研究者的研究实践再现出来。在此意义上可以说，人类学家的田野研究现场就是一个实验室，不仅研究现场中的人在时间更迭中每时每刻都在发生着变化，而且研究者的认识也在不断发生着变化。时至当下，在一个新的时空背景下，我回望自己当年的博士论文和研究问题，就发现了新的研究问题和问题意识。

在博士论文写作过程中，我除了对师生互动中学生的主体性问题有了更深入的认识之外，更重要的是对田野研究中研究者的角色有了进一步的体认和觉察。从华士实验学校的校长向全体教师介绍我是"华东师大的齐博士"那一刻开始，我之前把自己定位为一名中学教师、曾经是他们中的一员的"自己人"身份和亲密关系就不复存在了。在乡村学校的地缘文化中，我是校长介绍来的，那就是"校长的人"，更是同他们之间拉开了距离。研究者与研究对象之间这样一种微妙的关系变化，是没有田野研究经历的人难以想象的。换句话说，**实践场域不仅建构着研究内容，更为重要的是建构并生产着研究关系**。这种研究关系本身就是知识与权力关系的具体体现。

对研究对象，研究者无疑掌握着话语权，决定着"说什么或如何说"的权力。因此，他们在跟研究者交谈时是小心谨慎的，尤其是涉及学校里的人情世故时。不过，这种戒备和警惕会随着时间的推移而慢慢松弛下来，尤其是学校里的"外地人"（非本地户籍的教师），他们更容易把我当成是"自己人"或者他们的"代言人"，愿意表达自己的心声，希望我能站在他们的角度，在校长面前为他们讲话。实践证明，这样一种认同感是被我们彼此接纳的，因为我对他们而言确实是一个"外来者，他乡客"，这种身份在这样一个小县城里是非常突出的，所以我很难融入学校及其所处的地方社会之中。

如果说，研究者的田野研究实践是前台的话，那么研究者身处的学术体制就是后台，它在一定程度上决定着研究者的思想、观念和行为，尤其是研究成果的呈现方式。知识与权力关系也体现在博士论文的写作方式上。在完成了博士论文写作之后的若干年里，直到今天，置身于南京师范大学这样一个非常注重和追求理论性的学术场域中，我对自己当时博士论文写作中刻意追求的语言朴实、简单直白的表达方式都深感"不可思议"。我甚至都佩服自己当年的学术勇气，以及华东师范大学对这样一种表达方式的肯定与包容。我得承认，自己能够成长为现在的样子，在很大程度上得益于华东师大海派文化的滋养。在博士论文写作中，我一度把费孝通先生的《江村经济》作为学习模仿的对象，我认为大道至简，深刻的道理是可以用最朴素的语言加以表达的。我不希望我的书让广大中小学教师和熟悉中小学生活的人读起来"完全看不懂"，或者觉得"根本不是那么一回事"，而是希望将他们熟悉的生活用他们都能看得懂的语言呈现出来，用人类学的话说就是"化熟悉为陌生"。在我看来，所谓研究就是"人人眼中有，人人笔下无"，我所做的就是呈现普通人的日常生活，将大家熟悉的日常生活变成研究的现实，这就是自己当时的学术追求。正是基于这样的学术理想和信念，我的博士论文里几乎没有使用任何注释或注解。这样一种学术表达方式得到了国内一些师范大学教育学专业导师们的认可，他们把这本书指定为自己的博士生的必读书，足见当时学术氛围的宽松与包容。学术研究范式是多元的，学术表达也应该是多元的。但在今天这样一个普遍重视量化研究和发表数量的学术生产体制下，过分强调研究成果要采用量化、科学、客观的表达方式，我的博士论文可能就是另类了。

第二章

走进田野：田野工作的开展

　　研究者与研究田野是相互建构的，没有研究者，就没有研究田野。在田野研究者娓娓道来的叙述中，构建着研究者和研究场域的历史坐标，回应着研究者和研究问题之间对话的历史文化脉络，历史感便油然而生了。

一、建构属于自己的田野

　　研究田野是被研究者建构起来的，这可以理解为，日常生活每时每刻都在，但并不天然地成为研究田野。只有在相关理论的关照下，在研究问题意识的驱动下，日常生活才得以"显现"出来。被显现、被凸显出来的研究问题就像冰山一角，下边的根基一定是现实生活。所以，田野研究一方面是不断地向下延展，对具体而微的日常生活有着切身的体悟与洞察；另一方面是向上延展，对理论有着深切的理解与感知，同时，这两个方面要建立起对话和关联。

还是以我的博士论文"师生互动关系中的学生自主性——个案研究"为例。研究对象的选取不外乎如下几条原则。首先是典型抽样，既然是研究学生的自主性，考虑到个案的典型性和代表性，通常会选取好的学校典型作为个案，普通学校或比较差的学校往往不在考虑范围之内。其次是方便抽样，选中的学校应有开展研究的便利条件，从研究便利的角度首选上海的学校。当时曾经纳入考虑的学校包括：洵阳路小学、上海师大附小、华师大附小等；还有杭州的几所小学，如学军小学等。这些都是在基础教育领域很有代表性的学校。如果是一般性的调查研究，这些学校都是可以选择的，而我要进行的是长期的田野研究，需要进一步考虑如下两方面问题：

首先是学校要愿意接纳，如果学校主观上有这种要求，希望有研究者来自己的学校开展研究工作，这样就会主动地提供必要的支持和帮助，并以开放的心态向研究者敞开心扉，这对于研究工作能否顺利进行是十分重要的。其次，学校要有一定的代表性，重视这一研究课题，这样，双方就容易相互理解和配合，而江苏省江阴市华士实验学校就具备了这些条件，因此，就成为我从事实地调查研究的对象。

从某种意义上来看，华士实验学校成为我的研究田野既有偶然性，又有一定的必然性。这所学校是华东师大的实验学校，我在这里做研究，完成自己的博士论文，在某种程度上具有身份的合法性。学校为我提供食宿等便利条件，各方面工作向我开放，成为我完成博士论文的必要条件。除了身份的合法性之外，实验学校愿意接纳我，某种程度上也是希望借助我的到来，加强与华东师大之间的合作，宣传介绍学校的经验和做法，而我自己也愿意以此作为对他们的一种回报。

　　我的博士论文以华士实验学校作为研究个案，整体性地呈现学校的发展变化，以及生活在这里的校长、教师和学生的日常生活，重在考察升学考试压力对师生关系所产生的影响。虽然我关注的是微观层面的师生关系以及学生的自主性发展问题，但是研究项目是置于相对宏观的学校文化背景下加以考察。研究田野既是深入考察的对象，也是生成田野研究理论的来源，同时，还是研究者形成田野研究的自我意识和概念的地方。在这里生产出了研究田野、研究者和田野知识，因而具有本体论的意义和价值。这次历时一年多的"文化苦旅"，也为我以后从事人类学的田野研究打下了良好基础。

二、生成田野研究的分析框架

　　正如前面所示，在真正进入田野开展深入研究之前，在文献基础上形成的研究计划和观察提纲只是提供了一个大致的研究思路，大量的研究内容、观察点只能在田野中生成。与最初的研究框架相比，田野研究的分析框架一定是以现实生活为蓝本的，必须将研究问题置于研究田野所处的历史文化脉络中，体现田野研究的整体观，而不是从中抽离出来，孤立地加以呈现。我当时具体的研究思路和脉络是：把师生互动中的学生主体性问题置于学校的发展脉络中，揭示学校在从一所农村乡镇中心小学发展为九年一贯制实验学校的过程中，是如何借助华东师大的力量，不断提升学校的办学品质的。这所学校的校训是"做优秀的世界公民和永远的中国人"，学校的三座教学楼分别命名为"同心""同行""同乐"楼，还有教师的学科沙龙以及"十五"课题指南等，都充分彰显了教师的主体性、学生的主体性。如果将研究视野从学校扩大到社区和地方社会，不难发现，学校所处的江苏省江阴市是国家百强县，地方经济的发展在某种程度上也促进了学校教育的发展。这种普遍联系的观点也是在田野研究中建立和生成的。

学校生活中的教师和学生
—— 对一所农村学校的实地考察

第一章　学校背景：从乡镇中心小学到九年一贯制实验学校

一、自主·合作·创造：办学目标的提出

二、九年一贯制实验学校的成立

三、管理制度下的教师心态

四、校长们的苦乐人生

五、学校里的人情冷暖

　　以上展示了我的博士论文的目录。从中可以看到论文的框架，与开题报告中直接相关的内容只有第二、三章，其他章节的内容都是在田野研究过程中生成的，很大程度上拓展了师生互动研究的时间和空间。其中：第一章对于学校发展变迁的历史梳理，为师生互动关系提供了学校文化的底色；第四章"教科研的广阔天空"，试图呈现教师主体性的发挥，只有教师的主动性激发出来了，才能激发学生的主体性。这一章的内容也是特别重要的田野研究发现：很难想象，一所农村学校在20世纪90年代会有自己学校的"十五"课题申报指南，并且有很多教师的论文获奖，这对于一所农村中心学校而言是非常了不起的事情，说明学校领导有着强烈的教育科研意识和领导力。可见，它能成为华东师大的实验学校不是偶然的。正是从这里开始，我对中小学教师的教科研工作有了全新的认识——原来基层学校教师也是可以从事教育科学研究的。第五章"不断变化的学校"，采用了重返田野的做法，重新发现田野中的学校是如何在日常生活中不断发展变化的，其实也是想印证"人不可以两次踏进同一条河流"这一观点。博士论文是我做教育人类学研究的处女作，其中不乏模仿的痕迹。社会学前辈费孝通先生的著作《江村经济》一直启迪我从事田野调查研究，我的论文就模仿了这本书中"五访江村"的章节标题，当时其实是想表达对前辈的追随与敬意。第七章"研究者是如何开展研究工作的"，是将研究者个人生活史作为研究反思的内容。在博士论文中呈现这样的内容，在国内同类研究中是不多见的。

三、重新发现田野的意义

现在想来，我最初选择华士实验学校作为自己的研究田野，主要是从研究问题的需要出发，更多考虑的是田野对于自己的功用价值，几乎没有考虑学校所处的政治经济文化背景。华士实验学校的历史文化意义是随着研究的不断深入、研究思路的不断拓展，才被我发现的。例如，华士实验学校地处江苏省江阴市华士镇，全国著名的社会主义新农村的典范华西村就坐落于此，华西村的经济产值位居全国前列，这里还拥有全国百强企业海澜之家，等等。置身于这样的经济文化背景之下，学校发展势必会拥有独特的地域文化特点。

在进行田野研究之前，我对传统农业社会的理解不外乎日出而作、日落而息，以及被动的靠天吃饭。而华西村的私有经济和家族式管理模式却是全国闻名。我在做田野研究期间曾多次到华西村参观考察，被它的经济发展水平震惊，也对那一大片统一规格的楼房和整齐划一的管理模式感触颇深。不过，那时我并没有把学校发展与华西村的经济发展模式关联起来，虽然对"经济基础决定上层建筑"的理论命题非常熟悉，但却很少落实到自己的田野研究实践中。近 20 年后，一次我在南京大学社会学论坛上听到复旦大学周怡教授介绍自己当年在华西村开展田野研究的经历，真有一种相见恨晚的感觉。因为自己当年做论文的时间、地点与她的是那样的接近，而我当时由于受到自身研究视野的局限，并没有形成世界万物普遍联系的整体关照。

当下的时空，我重新思考当年的研究课题，有了这样的研究认知：对师生互动中学生自主性问题的认识与思考，必须置于更广阔的时空背景下，在一种历史的整体关照下，深入到具体的学校、班级或课堂的日常生活中进行细致入微的观察，而不能仅仅停留在书本知识或抽象概念之上。对一所学校的理解与认识，同样需要这样的整体关照。这些理解无法依靠外在的书面材料介绍，只有深入实地进行调查研究方可获得。在华士实验学校，先进的教育理念依托着传统的家族式管理模式来运作。这样一种运作模式作为一种文化现象，复杂而微妙地存在着，对当地人是那样的自然而然、习以为常，外来的研究者却难以揭秘。这正是它的微妙之处，也是此时此刻我在重新梳理这项研究时的研究发现。对此文化现象，当年我在博士论文中略有提及，但出于研究伦理的考虑做了很大修改。尽管这样的研究发现看似与论文的研究主旨关联不大，但在今天的我看来，却是这次田野研究最有意义和价值的"意外发现"。正如每一个人类学家所经历的那样，长达一年多的田野研究带给我的更多是文化上的冲击与震撼。

四、理论观照下的田野经验

《走在回家的路上——学校生活中的个人知识》是在我历时2年时间完成的博士后出站报告基础上出版的。博士论文是我对田野研究的初步尝试，相比之下，博士后出站报告的写作则更加从容。这种从容不仅得益于我对质性研究方法的娴熟掌握，还得益于在博士后流动站工作期间时间上的相对宽裕。这两年时间本可以心无旁骛专注于此，但是命运再次跟我开了一个不小的玩笑。第二次重组家庭后不到半年，爱人就在一次车祸中意外身亡。这个打击可谓猝不及防。当年在华东师大读书时尚有师长开导、同学的陪伴，而这一次意外发生时，我置身于人地两生的生活环境，面对艰巨的学习任务，更多的时候是独自面对伤痛，只有让时间慢慢抚慰自己的悲伤。研究和写作再次成为我的心理寄托和安慰。《走在回家的路上——学校生活中的个人知识》一书就是在这种状态下诞生的。"回家"的隐喻对于我是有特殊意涵的，面对如此艰难的命运，我一边抚养孩子一边如期完成博士后出站报告。也许是对我这段艰苦的学习工作经历的认可，我被评为南京师范大学优秀博士后，这是我在求学经历中唯一获得的一次荣誉。

学术研究成为陪伴我度过生活中许多艰难岁月的心灵慰藉，而苦难无疑可以磨砺一个人的意志。可以说，在南师附小两年的田野研究中，这里的校长和教师陪伴我度过了那段艰难岁月。这所学校对于我的意义，绝不是研究对象那么简单，而是成为我生命历程中不可缺少的组成部分。

选择这所学校作为自己田野研究的对象，同样是基于方便与便利的原则——学校离南师大很近，同时课题研究得到了校长的大力支持与帮助。这所学校有着悠久的历史文化传统，是当地的一所名校，校长和教师有着强烈的科研意愿，这里还是全国著名教师斯霞老师工作的地方，她的童心母爱教育思想在学校得到了很好的传承。对我而言，这项研究有着明确的问题意识和研究指向，我在这里实现了对学校、教师在学校生活中意义世界的建构，正如这本书的书名所隐喻的。我的博士后出站报告的课题名称为"教学过程中知识的社会建构"，该课题获批为全国教育科学规划教育部重点课题。

对比我的这两项田野研究，前者凸显的是个案研究的意义和价值，研究发现的理论是扎根于田野的，研究是对整个学校生活做出的理解与诠释。而"教学过程中知识的社会建构"，是将学校作为自己的研究现场，更多的是为了印证自己的理论假设，即田野研究在这里进行，而不是研究学校本身。当然，知识建构总是具体而现实地发生在某个学校的场域里的，为了呈现研究问题的历史文化脉络，仍然需要对学校做全景式的呈现。

如果说第一项研究意在历时性地呈现一所农村学校的发展变化，以及师生关系对学生自主性发展的制约作用。那么，第二项研究主要强调一种关系性思维，例如，校长对学校的规划，教师、学生的生活史对教学以及学习的影响，凸显的一个核心概念是"个人知识"，意在说明，构成学校的办学特色、教师的教学风格以及学生的独特学习方式，不是那些放之四海而皆准的普适性知识，而是一种个人知识，即在一系列统一规制下的个性化表达。"走在回家的路上"作为一种隐喻，希望表达的是教育实践主体是如何赋予日常的教育生活以意义和价值的，而对意义的追寻无疑是个体性的。除此之外，该研究还体现了社会建构论的主要思想，强调知识的生成是社会性的，是被不同主体建构起来的，这一主导思想对于理解知识的生产方式也是富有建构性的。因为在绝大多数人的求学经历中，知识总是客观地存在于人的认识之外，更多的是以公共知识的形式，以普遍规律或真理的面目出现，最典型的代表就是教科书知识。人们对于知识只能被动地接受，很少会把自己的学习与知识生产的过程联系起来。"个人知识"的概念，与我希望表达的校长、教师、学生等实践主体对教育教学意义世界的追求是非常吻合的，因此，波兰尼的"个人知识"[9]这一概念，成为贯穿全书的解释性框架。这一解释性框架的诞生是西方概念与中国教育实践进行对话的结果，它仍然是生成性的，而不是简单挪用。我的博士后出站报告的结构框架如下。

第三章 研究者和她的课题组

一、对研究对象的打量

二、学校场域下的课题运作

（一）研究的预演

（二）进入角色

附录一：开题报告

三、与研究对象的互动关系

（一）听课与评课

（二）课题研讨与交流

（三）研究共同体的建立

四、实践的逻辑

（一）与学校日常工作的冲突

（二）介入的尴尬

（三）个人与制度的张力

五、研究者的自我意识

附录二：研究者的立场问题

第四章 教师的生活世界与个人知识

一、理想与现实之间的较量

二、班主任与班级经营

（一）民主气氛的营造者

（二）班级社会的营造者

三、来自教学实践的智慧

（一）执着的教学追求

（二）感悟教学

（三）从个人成长中汲取的智慧

四、教师专业成长的代际传承

五、教师眼里的教科研

（一）教科研的有限时空

（二）教科研的运作机制

第五章　学生的生活世界与个人知识

一、成人世界的预演

二、孩子眼里的世界

三、被规训与惩罚的身体——关注差生

四、中学生的另类生存

（一）追星的故事

（二）家有宠物

第六章　教学过程中的知识

一、文化视野下的学校知识

（一）仪式化的知识

（二）无处不在的缄默知识

二、教科书宰制下的个人知识

（一）中小学的知识系谱

（二）思想性的馅饼

（三）个人与知识的相遇

（四）学校知识下的另类生存

（五）教师眼里的教科书

三、教师的个人实践知识

（一）教师的语言特质

（二）教学研究的叙事形态

（三）学科教学的知识形态

附录三：以语文的方式学习语文

五、多点民族志下的田野研究

　　《在生活化的旗帜下：学校道德教育改革的社会学研究》是我承担的全国教育科学规划教育部重点课题"学校道德教育改革的社会学研究"的代表性成果。研究缘起于中国德育理论与德育实践之间的深层对话。作为南京师范大学道德教育研究所的一名研究人员，我对于鲁洁等学者提出并建构的生活德育理论是非常认同的，同时也存有教育理论对于教育实践具有普遍指导意义的观点，认为在学术场域里习得的对于生活德育理念的认识，在教育实践场域应该是家喻户晓人尽皆知的。同时，从社会学角度研究道德教育，将学校德育以及道德教育改革作为一种社会事实进行深入的理论与实践探讨，也是我自己的学科立场使然。以往的道德教育理论研究大多采用哲学、心理学、认知科学等学科视角，而从社会学研究角度开展的研究并不多见，因此该研究具有一定的方法论意义。

　　这一课题研究给我的最大冲击是理论与实践之间的反差，

这次研究使我对自以为熟悉的教育理论、中小学教育实践，以及两者之间的相互关系加以重新审视，这就是人类学家常说的"化熟悉为陌生"。在对中小学开展广泛调研的基础上，我发现：在教育理论界开展得轰轰烈烈并逐渐成为显学的生活德育理论，在中小学实践领域竟然如此陌生，除了极少数品德课的专任教师之外，其他教师所知甚少。道德教育改革似乎仅限于中小学政治学科领域，而回归生活的道德教育改革仅仅依靠一门学科的少数教师是难以承担起来的。

当我带着"道德教育改革是如何发生的"这一研究问题进入中小学校，与学校校长、德育主任、品德课教师或班主任进行交流时发现，不同的人对这一问题会做出完全不同的理解与解释。在品德课教师看来，品德课不过是一门学科，甚至是被边缘化的"小"学科而已，这门学科在小学阶段大多是没有专任教师的，又非考试科目，所以不被重视。对班主任而言，除了自己的学科教学任务外，还面临大量繁琐的事务性工作，对兼任的品德课不可能像其他学科一样重视。道德教育改革的地位可想而知了，因为与其他学科并无太大关系，所以"有无改革、为什么改革、怎样改革"这些问题不是学科教师要考虑的，应该是分管德育校长关心的问题。总之，道德教育改革这一理论界普遍认为重要的问题，在实践领域竟然是语焉不详的。理论与实践之间的巨大反差冲击着我：学校道德教育改革的实践场域是怎样的？学校道德教育改革究竟是指什么？是怎样发生的？其动力来源是什么？当我将这些问题与西方学者进行交流时，他们则提出了另外的疑问："你所说的道德教育改革是指什么？"理论与实践之间的距离，中西文化之间的差异，导致中西方学者面对同样一个问题可能有着完全不同的理解，这就是能指与所指之间的分离。

由此可见，一个真正意义上的研究问题的诞生，既离不开对教育实践的觉察，更离不开已有的理论积淀，如"道德教育改革的诞生""能指与所指的关系"等学术概念与理论思维的支撑。在一定的理论储备基础上，当研究者走进田野深入接触教育实践时，这些学术概念和理论思维就会被激发出来，理论与实践之间的对话就发生了。对这项研究而言，田野研究的意义和价值在于：在中小学校中寻找改革，发现改革。这里的改革不是理论意义上的，而是现实的、具体的、发生着的变化。那么，学校道德教育实践领域是否真的发生了改革或变革呢？

带着人类学研究者特有的好奇心，这一次我走进了一个新的研究田野——南京外国语学校仙林分校，在这里发现了一群充满教育情怀、锐意改革创新的教育管理者和实践者。民办学校办学体制的灵活性，使其蕴含着丰富的改革创新资源。我曾无数次走进这所民办学校，在这里感受着教育人的激情与梦想，我自己对教育改革的梦想也是在这里被点燃的。在这所学校，道德教育改革首先是在班级这个微观场域发生，变革来源于以班级为载体的教育关系的重组，即取消班主任一人负责制，代之以班级教育小组集体负责制，将所有任课教师、生活老师、学生代表、家长代表等教育力量引入班级。通过组织变革克服了传统学校管理体制下普遍存在的班主任与学科教师，德育工作与学科教学，管理与教学分离等多张皮现象，进而实现了班级教育关系的重组以及全员育人教育环境的营造。这一系列改革是在旗帜鲜明的教育思想引领下有目的、有计划地发生的。这些调查引发了我对教育改革路径的思考：除了国家层面自上而下的改革之外，还存在着学校层面主动引发的变革，虽然也是一种自上而下式的变革，但改革的动力来自基层，实践智慧来自民间。在班级教育小组内部关系的建立与协调过程中，一线教师表现出的创造性和能动性，成为我这项研究的最大发现。田野研究的意义不是印证已有理论或理论假设，而是激发和创生了新的理论，这项研究里的新理论，即是我对道德教育改革的发生机制问题有了新的认识与思考。

在这项研究中，田野的意义和价值在于，田野不是唯一的，而是被纳入道德教育改革的宏观背景下加以考察，即将历时性与共时性研究相结合，在对学校道德教育改革的宏观研究基础上，选择了具有典型性和代表性的研究田野。

六、研究者与田野的关系

（一）研究者身份的社会建构

不同的研究问题建构出不同的研究田野及其意义世界，每个研究田野都存在于具体的时间和空间中，而研究者也是具体时间和空间中的社会存在。在此意义上，每一个田野研究经历都是独一无二的，而之前从事田野研究的经验，用在现在的田野研究中未必适用。每一次的田野研究对于每一个研究者都具有一定的原创价值，进而不断激发出研究者的潜能。

最初以华东师大"齐博士"的身份进入田野研究现场，我虽然尽可能地保持与研究对象的平等，尽可能融入师生的生活世界，做到了与教师学生"同吃、同住、同劳动"，并且尽可能客观地呈现"研究者眼里的学校日常生活"，但是，研究者身份的社会建构性是一种无法忽视的研究存在，它就是那样具体而鲜活地存在着，这一身份具有先在性和文化境遇性。

对研究对象来说，"齐博士"是来学校做研究的，"她"跟我们是不一样的，尤其是她来自国际大都市上海。非常有趣的是，当我从田野中回到华东师大时，同事眼前的我无疑就是一个"村姑"，衣着打扮都带着乡土气。这是田野研究在研究者身上打上的文化烙印，非刻意而为之，环境熏陶而已，也从侧面印证了我对这段田野研究的投入程度。时隔若干年，我听到了当年华师大参与该实验学校课题研究的一位老师对我的这段田野研究的高度评价：她认为我的研究平实、深入、扎实，很有田野研究功底，我心中备感欣慰。虽然这段美誉来得太迟，如果做完之后就听到，我一定会更加自信地投入后来的田野研究。因为对一位田野研究的初学者而言，这样的鼓励对于增强学术自信心是非常重要的。也是基于自己的田野研究经历，我对所有从事田野研究者的学生，无论是本科生、研究生、博士生都采取一种欣赏和鼓励的态度，希望这样的态度能对他们未来的学术发展道路产生积极的影响。

在第二段田野研究经历中，我是以南师大博士后流动站一名研究者的身份，带着自己的研究课题进入南师附小，开始自己的田野研究的。因为附小离学校很近，我每天都是骑着自行车往返于南师大与附小之间。"走在回家的路上——学校生活中的个人知识"的书名，也是喻示了自己的这种经历。我作为课题负责人进入研究田野，与学校教师一起开展课题研究，我的研究者身份在南师附小这样一所百年名校是很容易被理解和接受的。作为基层学校，能够参与到高校教师主持的国家级课题研究中，也是学校主观上十分愿意的事情。当然这在很大程度上是由该校校长的办学理念所决定的。因为时任校长是南师大的教育学博士，对于母校的研究者去学校做课题是非常支持的。

学校校长、教师、学生和家长如何在学校日常生活中建构自己的意义世界，是我这次田野研究关注的核心问题。我作为一名研究者不仅带领学校老师一起围绕"教学过程中知识的社会建构"课题开展研究，还以自己的亲身实践参与到师生自我意义世界的建构中。在我眼里，中小学教师的生活世界并不仅仅存在作为谋生手段的生存层面，更重要的是在精神层面建构自己的意义世界。

在我的第三项田野研究中，我是以南师大班主任研究中心主任以及长期从事班主任专业化理论研究与实践探索的专业研究者的身份，参与到学校班级管理体制改革的实践中，并成为这项改革的见证者、引领者和传播者。在我长期从事的班主任研究实践中，我因自己曾经是一名初中班主任，对中小学班主任的职业特性感同身受，并以为一线班主任做一些实事、提供一些力所能及的帮助为己任，因而被一线班主任老师广泛认同。在他们眼里，我是最没有架子的高校学者，被他们视为知心朋友。对这一身份认同我是非常满足的，并认为这是教育者应有的教育使命与责任担当，故乐此不疲地投身于中小学教育实践研究中。对此，一位圈内的资深学者曾批评我，认为我所做的不是高校研究者应该做的，而是教育局领导做的事情。这位学者是我所敬重的，他的评价对我产生了深远影响，以至于我在很长一段时间都找不到自己的专业自信。好在我是一个用心专注或认死理的人，坚信作为一个教育研究者是不可能脱离中小学教育实践的。为此，我的学术发展道路比一般的从事理论研究的学院派教师更为艰难。面对高校日益严苛的学术成果评价制度，我也一度想要放弃这条道路。在我最消沉低落时，是这些一线教师、校长对教育的无私奉献精神感召着我，让我感到个人的功名利益并不那么重要。在十多年的坚持下，我在基础教育研究特别是班主任研究领域有了一定的影响，也渐渐获得了自己的专业自信。

　　南外仙林分校的班级管理改革，催生了我因田野研究而得的重大发现，即发现道德教育改革是如何发生的。作为班主任专业化理论的提倡者，对于此项改革中全体教师参与班级教育小组、全面承担起既教书又育人的工作，我是非常赞赏的，认为这是符合教育规律和育人规律的。作为一项班级管理体制改革的创新之举，学校领导希望得到高校专家的理论支持，同时能够帮助他们把握方向、发现问题。于是就有了我们接下来长达十年之久的合作。在这项田野研究中我发现，中小学教育实践并不是简单地听命于上级教育主管部门的行政命令，在中小学校长和教师身上，蕴含着丰富的教育实践智慧。对此，理论工作者应该采取开放的向教育实践学习的态度，而不是一味地持有批判立场。毕竟，批判比建设容易。学者的清高和局外人的立场，容易造成研究者的居高临下的学者谬误，对此，研究者应该将批判的目光指向自己，而不是成为手电筒，只照别人看不到自己。

最近十年，我以南京师范大学青岛附属学校项目负责人的身份，参与到中小学的整体改革实验中，与学校师生一起走过八年多的改革历程。斗转星移，随着我的研究者身份的变化，与田野的关系也在不断发生变化。在这项变革学校的教育实验中，我作为南京师范大学的项目负责人，组织并带领专家团队参与了对中小学的整体改革，从学校组织文化、课堂教学改革、班级管理改革、教师队伍和班主任队伍建设等方面，深度介入了学校的发展变化，见证了一所农村学校不断发展壮大，并跃居青岛市崂山区基础教育学校的前列。而我也从学校改革的旁观者，成为改革蓝图的设计者和具体实施者。

在我眼里，中小学校不仅是研究者的田野，具有收集资料、完成课题研究等功用价值，它还是诞生理论、检验理论的地方，更为重要的是，它承载着我作为一名人文社会科学研究者自身的社会价值以及自我意义世界建构的本体论价值。这也是我历经 20 多年的中小学田野研究、实验研究并走向教育改革的行动研究背后的动力源泉。当然，在研究者与田野关系的建构中，研究者并不是完全独立意义上的个体存在，而是承载着更为宏观的社会结构因素。研究者的身份作为一种文化符号不仅无法视而不见，而且自觉不自觉地发挥着对田野的主动干预和影响作用。大学与中小学合作关系建立过程中的知识与权力关系，决定和影响着田野研究、实验研究、行动研究中的知识生产方式。离开这些宏观历史文化的脉络，就无法理解田野研究是如何发生以及为何发生等本体论问题。

（二）进场与退场：田野研究的时空维度

进场或退场，主要是从研究者的角度去考虑研究者与研究对象之间研究关系的确立。所谓进场，意味着研究的开始；所谓退场，意味着一段集中时间的结束。其实，研究者与研究对象之间的研究关系往往是绵延的，暂时的结束有可能蕴含着新的研究关系的开始，所以很多时候只是相对意义上的离去。

从事一项教育学田野研究的时间通常在一年左右，这样的时长可以将一年四季作为一个自然周期，从学校的日常生活来看，正好是一个学年。因此，可以从时间周期的维度，完整地呈现学校日常生活中每一个重要的时间节点。我的博士论文写作就经历了这样一个完整的周期。从开始进入田野，到最后离开田野，我在华士实验学校的田野研究时间在一年以上。在结束了集中的田野研究以后，在论文写作的最后阶段，为了进一步收集资料，我曾经三访华士，持续关注学校的发展变化。

一项田野研究，如何判断收集资料的饱满度呢？就我的个人经验而言，最终是依论文提交的时间而定的，否则田野研究可以一直进行下去。论文的完成只意味着一段研究经历的结束，研究者所关注的田野即学校的日常生活，则一直在延续着。学校生活是敞现的，研究问题也是开放的。我每次走进田野，哪怕是同一所学校，都会有不同的研究发现。就像人们通常所说，太阳每天都是新的。在田野研究中所看到的、所发生的一切，以及给研究者带来的文化意义上的冲击和震撼，绝不是待在书斋里的人所说的"就是那么一回事。"这也是我认为田野研究最吸引人的地方。

（三）"离我远去"与"化熟为生"

人类学家王铭铭提出，作为一个人类学家，要培养一种"离我远去"的能力，"离我远去"的艺术，是一种思想的生活。在他看来，"离我远去"有双重意义。一是到一个自己不熟悉的地方，体会生活的面貌。这里的"我"是"自己"，但不单指个人，而是指人生活在其中的"自己的文化"。因而，人类学家不以肉体的离去为目的，他们带着自己的心灵，超越自己的文化，领略人如何可以是人同时又那么不一样……二是在本土研究中，"离我远去"的意思是指与自己社会中司空见惯的生活方式形成暂时的陌生感，转化出一种第三者的眼光，让我们能站在"客人"的角度来对待"主人"——我们本身。在这样的情形下，人类学家的肉身没有被搬运到别的世界中去，但他们的心灵却必须在一个远方寻找自我反观的目光，在一个想象或实在异域中寻找他者相对于"我"的意义。[10]

在我看来，"化熟悉为陌生"是指站在旁观者的角度和文化他者的立场，将自己熟悉的日常生活问题化、陌生化，从自己熟悉的日常生活中发现问题，进而以一定方式加以具体呈现。以我的《在生活化的旗帜下：学校道德教育改革的社会学研究》一书为例，这里的"陌生化"表现为两个方面：首先，研究者所熟悉的问题领域——作为社会事实的道德教育改革，以及社会学的学科视角，甚至是提出问题的方式和表达方式，对实践者都是陌生的；而学校德育实践的存在样态及其发生机制，对研究者同样是陌生的。"陌生化"意味着在德育理论与德育实践之间存在着一个空白地带，如何在理论与实践之间建立一定的关联，是对研究者理论素养以及实践感知能力的考验。正如布迪厄《实践感》一书的书名所揭示的，田野研究者需要对教育理论和教育实践保持双重的敏感性。

第三章

我与他者：田野研究中的研究关系

　　田野研究中研究关系的建立，是形成田野研究中的个人特色或个体差异性的重要因素。即使是面对同一个研究问题，走进同一个研究田野，不同的研究者，也会建构出完全不同的研究关系。这也是质性研究中"研究者作为研究工具"的具体体现。而对研究者文化身份的觉察正是在面对不同的群体、在对不同文化的对话与审视中建立起来的，正所谓"以他者为镜"。

一、研究者身份的文化洞察

（一）研究者是谁？

　　研究者的文化身份，即研究者对自身以及所处文化的觉察与自省。如果我追溯自己的文化身份和文化觉察，应该可以追溯到童年早期与父母的分离，使得自己在幼年期就萌生了独立自主的性格。而我作为一名人类学研究者的生活史经历，则不能不回到初为人师的中学四年教师生涯。中学教师的身份始终是我不断对话反思的对象。2005年开始担任南师大班主任研究中心主任以来，我一直致力于班主任专业化的理论研究与实践探索，在我看来，这同样是自己不断回归中学教师身份的另外一种形式。因为这个身份联系着我青年时代许多美好的记忆。

19岁正是对人生、生活、爱情等一切美好的事物充满向往的年龄，也是最早开始思考人生的意义和价值的年龄，然而我的19岁却像充满着人生的原罪一般备受压抑。我至今都难以忘记刚刚当中学语文教师的那几年，我一边工作一边准备报考硕士研究生，我跟几位追求上进的同事花钱聘请了一位大学英语教师为我们补习大学英语，学校操场上到处都留下了我背英语的身影。这种本该受到鼓励的上进行为，却被同样身为中学教师和校长的父亲视为"不务正业"。他逢人就讲，我这是不安分守己，我这种跨专业报考研究生（从中文到教育）的做法就像垒墙，刚垒了一半，又重新开始。这些频繁的言语攻击令我备受打击，因为我无论是在学校还是家里一直都是"乖乖女"，在职报考研究生成了我当时最大的叛逆行为。除了这次，后来的个人恋爱婚姻、攻读博士学位等我人生的每一个重要转折点上，父亲都始终如一地持反对态度。这种打压一直持续到最近几年我在高校有了较好的发展，他才偃旗息鼓。对于父亲的这一举动，我只能认为是出于传统的家长作风，为了维护他在家

中的权威地位。因为我的这些追求对于同样中专毕业并且身为
校长的他是难以理解的。他有一句话常挂在嘴边：你们这些做
子女的不要说超过我，能赶上我就不错了。而我的发展远远超
出了他的预期，为此他始终不悦，没有对我表示出任何的赞赏。
在人生的发展中，无论是爱情还是事业，都得不到父亲的认可
或赞赏，这对于一个人的成长是非常不利的，而我就是在这种
长期的打压下成长起来的。这似乎是命运跟我开的一个大大的
玩笑。

今天想来，我对曾经身为中学教师、而今作为大学教师的
双重身份有着如此强烈的体认，是跟父亲在我的成长过程中人
为设置的诸多障碍分不开的。我常常想象，如果自己生活在一
个积极健康的家庭环境下，不知会有着怎样精彩的人生啊！但
换个角度来看，在某种意义上，也是父亲促成了我作为人类学
研究者的文化身份认同。不过，如今高校教师中尤其是师范院
校的大学教师中，和我有着同样工作生活经历的人不在少数，
为什么其他人并不像我这样有着如此强烈的身份意识呢？这不
能不追溯到我的个人生活史中来。

（二）研究者的文化他性

美国人类学家保罗·拉比诺在那本开启了反思民族志的经
典著作《摩洛哥田野作业反思》中，借用保罗·利科的一段颇
具启发性的话来概括阐释了这本书的研究问题——"通过对他

者的理解，绕道来理解自我"。作为一个生活在芝加哥的美国中产阶级学者，他开启自己的人类学研究之旅的时间是 1968 年 6 月 6 日（罗伯特·肯尼迪被暗杀后的第二天），"我已经厌烦了做学生，厌倦了这个城市，并且在政治上感到无能为力。我要去摩洛哥成为一名人类学家"[11]。同一个时间，一个 2 岁多的中国女孩因"文化大革命"的动荡被父母送到山东邹平（中国著名教育家晏阳初做乡村教育的地方）老家亲戚家寄养了一年多时间。这个女孩就是我，正是这样一段经历，开启了我的文化漂泊之旅。这段不断被唤醒、被激发的生命历程，我今天能够付诸笔下，正是受到了保罗·拉比诺的启发。而这样一种穿越时空的对话，多次激发着我进行田野研究实践与反思的写作冲动。

　　0 ~ 3 岁是一个人人生成长中的关键期，也是亲子依恋关系建立、安全感建立的关键时期。用今天的话来说，那段时间的我应该算是农村留守儿童了。幼年时期离开父母带来的安全感的丧失，注定了我作为一个文化漂泊者的文化身份。母亲回忆我在农村的这段经历时，经常讲的是我们之间的一段对话：

　　　　母：你不听话我就不要你了。
　　　　我：我自己养活自己。
　　　　母：你靠什么养活自己呢？
　　　　我：我为人民服务。

这段发生在母亲与 3 岁女孩之间的对话，今天看来不禁感到心酸。这样一个本该在父母身边撒娇的年龄，却过早地从父母的呵护下独立出来，拥有本不该属于这个年龄的孩子的早熟和懂事。用母亲的话说，我从小就独立要强，这是她一直引以为豪的。但是她永远都想不到，这段寄养生活对我的人生成长带来了多大的影响。家里的哥哥弟弟都是父母自己带在身边的。如果说他们重男轻女，他们是不会承认的，尽管我人生的绝大部分时光都印证了这一点——我 5 岁半上小学，其间曾休学一年在家照顾弟弟（这在重男轻女的传统山东文化中是件很自然的事情）。因他们所受到的教育以及工作生活的环境，这些并不合理的现象，却被视为稀松平常。不过，时至今日我却有些感谢这段难得的生活经历，它使我对于乡土、对于文化身份有了特有的敏感，进而开启了我持续不断的人生追问：我是谁？我来自哪里？将走向何方？

在中国基础教育学制（5-2-2 学制等）改革变成 6-3-3 学制的前一年，我完成了 9 年的基础教育，考取了滨州师专中文系。作为中等生，我自认为天资一般，开窍迟，所以学习特别刻苦勤奋。我一直自感读书太少，所以一次次选择继续学习，从自考本科到报考硕士、博士研究生，努力成为老师眼里的优秀学生是我不断学习深造的主要动机。从小城市到农村，从中学教师到大学管理人员、大学教师，从山东到上海、南京，40 岁之前我都是在求学和漂泊中度过的。在这个漫长的过程中，始终不变的是我对人生意义和价值的不断追问。尼采、叔本华、李泽厚等人先后成为我的精神导师。

除了从书本上接受了东西方人文精神的启蒙之外，我对人性的思考和学术的启蒙还得益于我的国外访学经历。2007—2008 年在加拿大多伦多大学的访学之旅，使我与叙事研究的创始人迈克·康纳利之间有了一段愉快的交往经历。在他那里，我受到了有生以来第一次来自大学教师的礼遇和尊重。每次一起就餐，无论是在学校还是外面，他都非常绅士地主动为身为女性的我接过脱下的外衣。他还把我介绍到他的叙事研究工作坊，多次让我在轻松愉悦的聊天中领略了学术研究的轻松、自由和愉悦。在另外一位质性研究方法老师的课程学习期间，他热情地邀请所有学生到他山里的乡间别墅去滑雪，他弯下高大健壮的身躯为每位学生穿上雪鞋的举动深深打动了我，师生之间的交往原来可以这样平等、这样无拘无束啊。当时的我受到这些来自西方人的尊重后，那种作为中国人的自尊感和自信心便被激发出来。而当一个人获得了尊严感后，无疑便受到了人性的启蒙，从此将会告别屈辱和压抑的生活，因为她知道真正的人的生活是怎样的。

2014—2015 年我在美国威斯康星大学麦迪逊分校跟随波普科维茨教授的读书和学习经历，以及翻译其著作的经历，都让我获得了作为中国文化传播者的美好体验。跟其他很多人的访学经历不同，我不是仅仅从学术思想的角度接纳或批判国外学者的思想学说，而是把自己与他们之间的交往作为一种文化现象来理解。长期从事人类学研究，我感到自己身上少了一些思想的尖锐和锋芒，多了一些平和与包容，这一切都建构着自己的文化他性的"边缘人"身份。这在从事教育社会学研究的同行圈子里显得很是另类。这样的觉察经常令我感到不安和焦虑，感到自己很难融入到所谓的学术圈子里，与周围人成了"熟悉的陌生人"。而当自己一次次走出去时，无论是走进中小学校，还是走出国门，总能发现自己作为一个独立个体存在的意义和价值。在全球化的背景下，人类学研究常常促发多元文化之间的对话与交流，这有助于我们不断发现和反思自己的文化他性，走出文化上的我族中心主义，克服每个人所处的阶级阶层的文化偏见，走向"和而不同、美美与共"的和谐境界。从这个角度看，人类学为社会发展和文明进步开出了一剂良药，也是这门学科独有的意义和价值所在。

（三）边缘人的身份认同

身为一名大学教师，我却始终觉得自己是一名基层教师和基础教育实践者，这使我成为游走在大学与中小学之间的边缘人，这样的边缘人身份是基于我对自我的意义与价值认同。

在当中学教师的四年时间里，我经历了青春的激情与梦想，对教育的热情与渴望，对人生意义和价值的追寻，尤其重要的是恋爱与婚姻生活的美好与痛苦记忆。在我的这段生命历程中，一个正常青年的所有重要的情感体验，几乎都发生过——这里有人与人之间的交往性关系，有所谓的沉重肉身存在。而相比之下，大学生活里的每个人都是一种孤立的存在，似乎只有所谓的精神世界，生活世界是被剥离出去的，哪怕同事之间的聚餐、相约一起打球这样的小事，都变得那样制度化，少了很多烟火味。其实，我对自己当下大学教师的身份并不认同，不断走进中小学开展研究变成一次次的逃离，并在对大学的逃离中去寻求自己作为一名大学教师的工作意义和价值所在。长期从事中小学田野研究，我结识了一大批校长、教师，并被他们视为知己，而与周围的大学同事之间却没有任何精神意义上的交往，大学成为一个让自己时常感到失败甚至挫败的地方。

这样一种对自我身份的认知，使我在面对自己的研究对象——中小学教师时，有一种近乎本能的认同感，自视为他们中的一员，而不是将中小学教师视为教育改造的对象或研究资料的提供者，所以很容易获得他们的认同与接纳，进而建立了与中小学的长期合作关系。

不论以何种主题进入中小学这一研究田野，我关心的话题始终都是意义世界的建构：自己的意义世界以及作为"文化他者"的意义世界。是什么缔造和影响了不同人的意义建构——比如大学与中小学不同的管理体制，时间与空间问题，大学教师不用坐班，没有那么大的时间投入和工作强度，不同的评价体制，等等。

┌─────── 知 ─── 识 ─── 卡 ─── 片 ───────┐

参与观察的民族志

没有什么人类学的训练或者理论能够像生活那样早已为我的田野研究做了更好的准备……在田野中"我们利用我们自己和我们的经历作为一种主要的研究工具"。田野中专业训练的某些方面，学术人格的某种投射，还有一些个人的特色与偏好，不仅有用，而且还至为关键。这种特色将会为学生与同仁所熟知，也许不仅是在人类学，也包括其他一些社会科学领域，只要这些学科同样需要在诸多社会和政治场合，与个人及群体通过敏锐的但却受过严格专业训练的接触来探究知识。

人类学的田野是社会的、相互的，需要关系、行动、利益乃至身份建构方面的互动。其中，那些令人感到不适的田野工作常常是极好的田野工作。如果能接受这一点，那么在经历或者结束一次困难的田野工作之后，我们至少有可能克服折磨我们当中许多人的，在社交、职业以及个人失败或不足方面的焦虑。为了应对田野工作的尴尬和不适，在许多方法中最重要的就是愿意将严苛的反思过程视作参与观察方法论一个必要的组成部分。

参与观察要求研究者运用他们的社会自我作为主要的研究工具。对于许多民族志学者来说，他们有两个自我，一个是个人先定的带入田野中的自我，一个是进入田野以后必须建立的作为研究者的自我，而要在两者之间划清界限常常是十分困难的。一方面是依照深植的个人价值观行事的愿望，另一方面是作为研究者试图保持专业的和相对主义立场的需要，二者之间的当下冲突成

└─────────────────────────────────────┘

为参与观察体验的特征——正如许多田野工作者所见，源自这一方法论的理性习惯和哲学转变常常带来整个生活的重大改变。……无论是对我们研究的这个社会世界而言，还是对参与观察方法论本身乃至整个民族志的认识论而言，对这些内在冲突保持敏锐并认真反思，定会给我们带来意想不到的深刻洞见。正是在这样的框架之内，优秀的民族志经常会从困难的田野工作经验中浮现出来。[12]

民族志最为基本的修辞和想象都奠基于作为一种修辞手段的分类，"分类的诗学"是获得"整体性"的手段（Thornton，1988:286）。由对象的分类获得关于对象的整体的认知，这是语言艺术，也是基于逻辑预设：分类的逻辑是需要假设整体的存在的，所以当分类被认为是周延的时候，分类的集合就被认为代表着整体。[3]

（四）研究者的角色类型

作为一种认识世界的方式，田野研究建立在人与人之间互动关系的基础之上，它总是具体而又现实地发生在特定的研究者和研究对象之间。从研究问题的产生、研究对象的确定，到研究过程的发生发展，以及最终研究结果的呈现，总是由具体的研究者来实现或完成的。作为一种充满着个体差异性的研究类型，研究什么、如何研究，呈现什么、如何呈现，都会被打上研究者的个体特性和文化烙印。即研究者如何理解自己的研究行为，如何看待此项研究，如何看待自己与他人的关系，等等。对这些问题的处理往往是因人而异的。尽管研究者必须遵循基本的研究伦理，但在对具体问题的处理上仍然存在着很大的自主空间。或者说，田野研究总是以研究者自身的文化特性为基调的。

以我博士学位论文"中小学师生互动关系中的学生主体性——个案研究"① 为例，研究主题是"师生互动关系中学生的主体性"。这一研究问题的确立最初是建立在"哲学上的主体性—教育中人的主体性—学生的主体性—师生互动中的学生主体性"这一学理分析及逻辑推演基础之上的。而当我带着这一思考进入研究现场时却发现，教育现场中的学生主体性并不遵循"逻辑的实践"[8]，而是遵循着"实践的逻辑"，在具体时空下以日常化的方式存在着，这与我最初的学理思考相去甚远。我只有不断调整自己的研究思路以及看待问题的方式方法，尤其重要的是转变话语方式，变学术性话语为日常生活话语，进而将其操作化、具象化，才能保证研究过程的顺利进行。看似客观的"学生主体性"，是由人的主体性实践加以实现的，"学生主体性"作为研究问题是由研究者与研究对象共同建构起来的。至于研究过程及其呈现方式，则由研究者当下的认识发展水平所决定。正所谓"没有最好，只有更好"，对于研究者而言，

---

① 华东师范大学 2000 年度博士学位论文，最终成果为《学校生活中的教师和学生》一书。

此项研究达到了自己那个时候的最高水平，这就足够了。在此意义上，田野研究既是主观的，同时也是客观的，非研究者的主体意识所能完全掌控。田野研究在指向研究对象行为及其意义世界的理解与认识的同时，也承载着研究者的自我认识和成长的重任。从更具一般性的或客观的意义上看，田野研究可以被视为人类认识活动过程的自我呈现。

在田野研究的过程中，研究者的角色大致包括三种类型：揭示者、解释者、行动者。研究者对实践的干预意识和干预程度的强度（或密度），在这三种角色类型上是依次递增的。作为事实揭示者的研究者主要扮演旁观者的角色，研究者往往自觉地、有意识地与研究对象保持一定的距离，尽可能采取一种看似客观的、价值中立的立场，所从事的研究重在揭示社会现实背后的东西，而无意对实践做出任何干预。从客观效果看，其研究可能会对提高实践者的认识与反思有一定助益，但这并不是研究者有意追求的结果。作为解释者的研究者，对于实践采取一种"存在即合理"的普遍认同立场，对于实践者采取共情式理解的态度，所做研究重在解释这样的实践和行为是如何可能的。作为行动者的研究者，则以对实践的干预和改造为目的，自觉地对自己所扮演的角色以及与实践者的关系进行反思和批判，是一种理性的行动者角色。这几种不同的角色类型，不仅服务于不同的研究类型和性质，也在某种程度上受到研究对象及其研究情境的影响。

例如，在中小学研究场域中，研究者往往会被建构成为教育实践的指导者、学术顾问、对策建议的提供者等角色，一味保持价值中立、不对教育实践有任何干预的"旁观式研究"不被教育实践者所理解和接纳。近年来，随着高校与中小学之间联系的日益密切，中小学实践者对高校教师的认识与理解在不断加深，对高校教师作为一种研究力量的认识与期待水平在不断提高，如聘请高校教师或研究生进入学校开展实地调查，获得尽可能客观的第一手资料，以作为教育决策的客观依据。换句话说，中小学校正在借助"他者的眼睛"，来帮助自己发现问题和解决问题，从而建构起新的大学与中小学合作关系。

二、研究者与研究对象的关系类型

田野研究作为质性研究的一种类型，符合质性研究的特点。"质性研究是以研究者本人作为研究工具，在自然情境下采用多种资料收集方法对社会现象进行整体性探究，使用归纳法分析资料和形成理论，通过与研究对象互动对其行为和意义建构获得解释性理解的一种活动。" [13]

在上述定义中，有三个关键点需要从方法论角度加以深入探讨：第一，"研究者本人作为研究工具"；第二，"与研究对象互动"；第三，"对其行为和意义建构获得解释性理解"。概而言之，质性研究是发生在具体的研究者与研究对象的交互性关系基础之上的，研究目的在于达成对人的行为及其意义建构的解释性理解。其中，研究者与研究对象的个体差异性，以及由此决定的人与人之间互动类型的丰富性、意义世界的开放性、理解与解释的多样性和歧义性，使得质性研究方法本身显得扑朔迷离，充满了神秘化的色彩。接下来，我将围绕上述三个问题，对田野研究过程中的研究者角色做深入探究，为质性研究做一番"祛魅"。

研究者与研究对象之间的关系是相互建构的。在将研究对象建构为研究客体的同时，研究者的角色也在不断被生产着。研究者与研究对象的关系大致有三种类型：一般意义上的人际交往关系；研究者与被研究者的对象性关系；相互影响与改造的行动者关系。

（一）人与人的交往性关系

进入学校田野的研究者往往自带光环，这个光环就是研究者的角色和身份。角色与身份作为一种符号象征，潜在地影响着研究关系的建立。研究者应当与研究对象之间建立一种相互信任的关系，且并非从获取资料的功利角度出发，而是建立在普遍意义上人与人之间的关系基础之上。人文社会科学研究的前提是对人的理解与尊重。

因为自己的第一份职业是中学教师，所以长期以来，在从事田野研究过程中，我很容易与自己的研究对象（中小学教师）保持着一种平等尊重的关系，把自己理解为曾经是他们中的一员，更容易获得一种共情式理解。然而在田野中，我自我认知的这种身份却好几次随着研究关系的建立被打破了。

1998 年下半年，经华东师大教育系领导的介绍，我以一名博士生的身份来到了江阴华士实验学校，这所学校当时是华东师大教育系的实验学校。因为与华东师大的合作关系，学校无条件地接纳了我，并为我解决调研期间的食宿问题。我当时是住在教工宿舍楼靠近楼梯的一间单人宿舍里（因为学校有住宿生，所以安排了专门的教工宿舍）。教师大多是本地人，周末时他们都会回家，整个宿舍楼就我一人居住。好在住在学校里是不用担心任何个人安全问题的，而幼年时在山东农村老家寄养一年的生活经历，也让我习惯了一个人在黑暗中度过漫漫长夜。

校长在全校教师大会上介绍我是华东师大到学校调研的博士生，并承诺学校的一切活动都向我开放。从此，"齐博士"的称呼就一直伴随着这次田野研究的整个过程。这个称呼除了表明我的身份之外，也拉开了我跟老师们之间的距离。对这所农村学校而言，我是这里来的第一位博士生，又是从大都市来的，本身就感到有一些差距；其次，校长介绍来的就是校长的人，在农村学校这样一个乡土社会中，亲疏关系一下就泾渭分明了。随着时间的推移，我对这一点体会得更深了。在学校所处的这一地方社会中，自然而然地形成了"两种人"：本地人与外地人。本地人教师与地方社会存在着千丝万缕的联系；外地人则是这里的寄居者。学校里的外地教师主要来自安徽、东北等地，而我无疑也是外地人。也许是地缘的关系，那几位外地教师与我之间好像有一种天然的亲近感，他们会跟我交流个人生活中的事情，本地教师通常则不会这样。

对于我的田野研究，学校里的人情冷暖无疑构成研究中的重要组成部分，但是对其的描述和介绍则需要把握好分寸和尺度，否则就会因研究伦理问题而遭遇许多意想不到的麻烦。这是当时的我作为一个田野研究初学者始料未及的。可能跟自己的生活阅历有关，一介书生的我对于人情世故并不敏感。另外，我关注的只是尽可能真实地呈现社会事实本身，对于这样的呈现方式可能会给研究对象带来怎样的影响，并没有太多考虑。在中国做田野研究的特殊历史文化境遇决定了，田野研究不可能完全按照西方的研究伦理规范进行。而没有研究伦理规范保障的研究行为，就像无照驾驶的司机，很容易把自己置于一定的风险之中。

类似的人际交往问题也同样困扰着其他的研究者。陈向明老师在她的博士论文研究期间，曾遇到一位研究对象就生活中遇到的困惑与问题向她求助。陈老师开始时为了保证研究的客观公正拒绝了对方的请求，反思后认为这并不关涉研究的客观公正，因此给予了对方一定的指导和帮助。我在这次的田野研究实践中，发现学校的语音室绝大多数设备有问题而闲置不用，便主动向华东师大语音室的师傅寻求帮助，这位师傅联系到上海的厂家——上海无线电一厂的工人师傅前去维修。这样的事情看似与田野研究实践无关，但却构成田野研究者日常生活的一部分，并使得我获得了"我也是学校一员"的身份认同。我认为，这样的身份认同有助于研究工作的顺利开展。

（二）对象性关系

在这种关系下，研究者仅仅将自己视为知识生产者，研究者与研究对象的关系简化为主客体之间的单向度关系，研究者更多地扮演着观察、对话、交谈等资料收集者的角色，研究对象则只是配合研究者，尽可能提供其所需要的各种资料——待田野研究结束，二者的关系就解除了。二者在这一知识生产过程中地位是不对等的，研究者地位的合法性是由社会的知识生产体系所决定的。这种微观权力关系建立的前提是双方对于知识生产规则的认可或默许。不过，在现实生活中，人与人交往中的不对等关系是难以维持长久的。

（三）行动者关系

行动者关系是指，在研究者与研究对象的长期接触与互动中，研究者逐渐融入研究对象的生活，并成为其生活的一部分，进而对其生活或两者的交往产生一定的影响。例如《街角社会》的作者怀特与故事主角多尔之间的关系，一度成为该类研究的佳话，也为大家深入了解"参与式观察"提供了范例。

研究者的身份地位等个人因素，也会给研究关系的建立带来潜移默化的影响。我作为大学与中小学合作项目的负责人，在山东青岛开展了为期八年的学校改革实践，更多地扮演着项目学校整体改革的设计师与策划师，常态工作就是带领专家团队定期到学校指导工作。在这样一种权力关系下，我这个研究者与田野中的研究对象就是行动者关系，我期望学校向着我预期的方向发展。研究者作为推动学校改革的外部力量这样一种强势角色，在可能带来一些积极主动影响的同时，势必会遮蔽或忽视另外一些事实，即"研究者总是见自己所想见"，进而难以做到完整客观地呈现事实，无法完全站在"局外人"的立场上客观公正地呈现学校改革这一社会事实。这种现象在所有大学与中小学合作背景下的中小学行动研究项目中普遍存在，但很少有学者指出自身的局限性。对此，我在论文《知识－权力视域下大学与中小学合作关系的构建》一文中有详细阐述。

三、知识与权力关系的体现

在思考权力问题的时候，我们最好还是记住福柯的观察，他认为权力也具有建设性的能力，我们不应只关注其破坏性的潜力和现实这一个维度。如果我们想要更深入地理解权力是如何被使用以及被滥用的，我们就要做好准备，接受赫斯科维茨的"对怀疑的坚决搁置"，这一立场会帮助我们远离固执的、隐蔽的、深层的偏见，朝向更富有建设性的（也可能更为尴尬的）缝隙空间而行。我认为，这是在任何环境下研究权力的民族志学者都要保有的心态，由此他们才能够与形形色色的对话者进行尽可能有意义的接触。当我们这么做的时候，无论是基于伦理的、方法论的还是认识论的考量，我们必须心怀理解他人生活及其观点的目的，而不是将其作为一种"得到好处……这样我们就可以反对（我们的研究对象）"的手段。[12]

关于知识-权力的思考，我引用自己过去写的一段文字。[14]

大学与中小学合作中的知识与权力关系，主要体现在两个方面：即合作中的供需关系与利益诉求；以及两种不同话语之间的权力之争。

一、供需关系与利益诉求

（在我看来，大学与中小学）合作的前提源于双方对于两个问题的认识和期待。一是教育变革和教育改进中产生了许多新的问题，期望通过多方合作进行解决；二是对教师在整个学校教育教学中的关键地位进行了重新定位，期望通过提升教师素质改进学校教育的质量。而解决学校发展中的新的问题以及全面提升教师素质，仅仅依靠中小学自身的力量是远远不够的。因此，大学与中小学合作成为满足教育实践中最迫切的两种期待的理想选择。通过理论与实践的沟通，合作过程中两者的持续互动，将外部的改革政策和学校自身的改进计划有机地融合在一起，中小学被引入一个持续的、开放的、新的变革框架中，在整合教师发展和学校发展的基础上，促进教师教育与学校的共同提升，成为合作办学双方达成的基本共识。

　　因此，大学与中小学合作关系的建立体现为一种供需关系，高校所拥有的智力资源使其成为供给方，中小学校成为需求方。随着基础教育改革的不断深化，中小学全面提升办学质量的需求不断提升，他们越来越强烈地意识到，仅仅依靠中小学校和教师的自我提升已无法适应社会发展的需要，而高校所拥有的专家资源、智力资源以及隐含的社会资本、文化资本，恰恰是学校发展所必需的。对于高校教师而言，中小学也为他们提供了验证已有理论，用理论指导实践，以及实现知识的社会价值、文化价值和经济价值的实验场域。其中的利益关系成为大学与中小学合作关系建立的前提条件之一。大学与中小学合作关系的话语实践，在不断建构这一行为的合理性与合法性的同时，往往掩盖了双方的利益诉求，即改革在某种程度上成为合作双方的各取所需，即实践者从专家那里获得论文发表、课题获批、职称与名誉荣誉等资源支撑，以及研究者从合作中获得物质利益、自身价值实现等现实回报。合作共赢成为大学与中小学合作的内在驱动力以及外在的显性指标，而真正具有实质意义的是大学与中小学合作的文化功能，即通过理论与实践长期的对话与交流，实现教育理论与教育实践双方的同生共长、不断进步。

二、权力关系与话语之争

　　借鉴英国学者伯恩斯坦的社会语言编码理论对精密编码与局限编码两种语言类型的划分。一是精密编码，其特征是：普遍性、关联性、抽象性和规范性，主要存在于上、中层阶级的语言中。二是局限编码，其特征是：

特殊性、孤立性、具体性和不规划性，主要见诸下层阶级的语言。两种语言类型背后代表着两种不同的认知倾向和经验结构。精密编码的语言在知识谱系中往往处于上层，而局限编码的语言往往处于较低层次。将这一理论运用到大学与中小学合作中也同样适用。在大学与中小学的合作关系中，二者在所处位置上存在着明显的高下之分，是一种不对等的对话关系。在理论话语与实践话语的交互作用中，实践话语明显处于弱势地位，而合作对话的结果往往表现为被理论套装了的实践，或被理论改造了的实践。来自教育教学实践中的鲜活的故事和案例往往被贴上各种理论化的标签，进而获得其存在的合理性，例如获得论文发表、课题立项和奖项等。因为其中的话语权往往掌握在理论专家手里。在专家眼里，教师话语或实践话语在理论性、系统性和条理性等方面是严重不足的，进而成为被改造的对象。面对专家的理论话语，一线教师的实践话语往往处于一种失语状态，进而失去其自身的合理性。理论与实践的对立与紧张状态集中体现在理论话语与实践话语的不对等关系中。

大学与中小学合作中的话语权之争不仅体现在专家话语与实践话语之间的争夺上，更体现在理论专家与实践专家，即高校专家与教研员之间的话语之争与权力之争，例如，什么样的课是好课？什么样的教师是好教师？什么样的课堂是好的课堂？双方所持的标准往往是存在差异的，即理论专家与实践专家在对课堂、教学与教育本质的理解上往往各不相同。理论专家更具有改革的浪漫情怀，实践专家则拥有更多的现实考量，他们自认为更了解教师、理解教师，更能为一线教师谋福利，更能代表一线教师的利益诉求。高校理论专家更看重的是教师教育教学观念的正确性，而教研员更看重的是教学的技术层面以及教学目标的达成度。对于一线教师而言，教研员代表的实践专家往往具有绝对的权威地位，他们掌握着各级各类公开课、教学获奖、评优评先等有形无形的资源，对教师专业发展具有举足轻重的作用。而理论专家所拥有的知识权威，对于他们而言往往是间接的，只有借助于教育行政或校长的管理权威才能发挥作用。在课堂教学改革中，面对两种不同的话语体系和权力关系，教师究竟应该听谁的？教师的专业自主权是否存在？除此之外，教师直接面对的是学校校长的行政管理权威，事关教师的生存与发展这一基本问题。在这样一种复杂的知识与权力关系之下，中小学教师或选择顺应，或选择放弃，进而渐渐失去其自身的专业自主性，形成实践场域中对权力的新的依附关系。其中只有少数教师能够顺势而动，在这种新的权力格局下获得自身的专业发展。

除此之外，知识与权力关系还体现为一系列标准的再生产。在全球化背景下，全球通用标准的理念和逻辑不仅主宰着技术领域，更是深刻影响着教育领域和人的再生产过程，其中最核心的体现就是一系列的标准再生产，如人才标准、教师专业发展标准、课程标准、"好学校、好教师、好学生"的评价标准等。教育的丰富性、多样性以及人的个体差异性在一系列标准面前往往失去其存在的合理性，教育者自身的行为与其所提倡的"以人为本""关爱每一个学生""尊重个体差异"等观念和理念往往是相离相悖的。

在这篇文章中，我从社会学的批判立场出发，透视了大学与中小学合作作为一种"理想型"的知识生产方式背后隐含的知识与权力、利益之间的斗争。大学与中小学是两个完全不同的实践场域，具有不同的实践主体，他们从各自不同的利益和价值诉求出发，共同作用于中小学的教育教学实践，努力使其向着自己理想的方向发生转变。他们各自不同的主观愿望又会受到实践场域自身规定性的制约和影响，由此表现出的教育改革或变革的有限性、限定性，往往是从教育学的应然立场难以发现的。故此，社会学的基于事实的批判立场，以及人类学的多元文化立场，对于呈现基础教育改革的丰富性、多样性来说，有着不可或缺的重要借鉴作用。

四、田野研究示例

（一）田野工作的开始

对于从事中小学田野研究的研究者而言，研究者的角色意识是不断被建构起来的，这个被建构的过程也是一个被陌生化的过程。对被当作研究田野的中小学校的教职工，研究者的角色身份往往被赋予很多神秘化的色彩，研究者往往无法言说自己的研究意图或目的。例如，研究者单纯做一个客观的观察者，这样的角色往往难以被实践场域所理解与接受。研究者作为具

体的人的存在，客观上往往会成为正常课堂教学秩序的干扰性
因素，作为施教者的教师很难做到无视研究者的存在。因此，
观察者的角色通常是不受欢迎的。为了能够进入研究现场，研
究者往往需要借助自己与校长或其他管理者的私人关系，即找
到"质性研究中的守门员"，获得他们"入门的许可"。同时，
为了获得对方的同意或认可，研究者往往以一定的附加条件，
如帮助学校做课题、提供调研报告或素材等，来换取进入研究
现场的"门票"，至于自己的真实目的，往往是不能向对方公
开的。在某种意义上，研究者扮演着一个"文化侦探"的角色。
田野研究作为一种知识生产方式，本身就是一种微观的权力场
域，选择什么样的田野、如何开展研究、与研究对象建立怎样
的关系等，都会受到知识与权力关系的作用与影响。在中小学
校的田野研究中，这集中体现于研究者与校长之间的关系。

1. 研究田野的确定

　　无论是华士实验学校，还是南师附小、南京外国语学校仙
林分校，这些学校之所以能够成为我的研究田野，前提都是我
得到了校长的认可。校长就是田野研究的"守门员"，没有他
的同意，研究者是无法出入学校这一教育场域的。研究者与校
长的关系、与学校的关系，需要在大学与中小学合作的制度框
架下得以实现。如果没有对这一关系的体认，研究者对学校、
课堂的深度介入，都可能成为打破正常教育教学秩序的干扰性
因素。通常，校长是不欢迎研究者介入的，因为他们在学校待

的时间越长，越容易发现学校存在的问题，而校长是不希望别人发现自己学校存在问题的。尤其是在今天，因由网络与媒体的发达，研究者的介入在校长眼里甚至会危及学校的信息与舆论安全。学校越来越像惊弓之鸟，任何的风吹草动都可能危及学校的发展以及校长的职位。

2. 研究意图的表达

在研究者与田野之间复杂而微妙的权力关系下，研究者如何表达或呈现自己的研究意图，决定了研究者身份的合法性。在我的博士论文的研究田野里，我的公开身份是一名博士研究生，研究田野是华东师大的实验学校。在大学与中小学合作关系的大背景下，学校对作为博士生的我是较少戒备和防范的。而且此次开展田野研究，校方的意图是，希望我能总结学校在学生主体性研究方面的成功经验。在这一点上，大学、研究者、实验学校三方达成了共识。因此，在论文中，学校是实名呈现的，只是在涉及学校管理层、教师和学生姓名时，出于研究伦理的考虑做了适当的技术处理。在这样一种权力关系下，研究者在某种程度上被赋予对学校进行正面宣传的外在功利目的。然而，既然是"实事求是"的实证研究，就一定会发现学校的"不完美"之处，这一再自然不过的常识，却会受到微观权力场域的制约与影响。我的论文在出版时，校长矢口否认当时的一些言行，强烈要求论文做出修改，且在她认可的情况下才能出版。在此种权力关系下，研究者不再是拥有话语权的一方，行为不再自主，被迫做出了许多改变。这次田野研究中的这一意外后果，给了我很多警示，在很长一段时间里令我无法释怀。

3. 研究关系的建立

我的第二项田野研究是自己的博士后出站报告。当时，我有幸申请到了全国教育科学规划教育部重点课题，课题名称为"教学过程中知识的社会建构"，关注的是学校场域中人们对意义世界的追求，以及教育教学过程中师生的个人化表达，贯穿全书的核心概念是波兰尼的"个人知识"。

"个人知识"这个概念是最能体现意义世界的建构的。因为在我长期与中小学的接触中发现，完全置身事外的纯学术研究是很难得到学校和教师认可的。你的研究必须能够帮助学校解决某些问题，否则就很难进入学校场域。因为有这样一项高级别的课题，所以当我带着课题走进南师附小时，受到了校长与老师们的欢迎。当时我的身份是课题负责人，田野研究工作的意图是带着老师们一起做课题研究。虽然我坚持每周都到学校一两天，但是真正开展课题研究是非常困难的。因为小学老师们很不容易找到时间凑在一起，就是语文组的几个老师，大家在一周里能找出的同时没课的时间段就几乎是没有的。

作为课题负责人我的博士后身份保证了这一项研究的顺利开展。课题研究过程中我自己家庭发生变故，但我得到了很多人的支持与帮助：当时南师附小的杨林国校长亲自带领学校老师到我家里慰问探望，提出对于我生活上的任何困难，他均愿意给予支持与帮助；南师大教育学博士后流动站的负责人鲁洁教授亲自写了一封长信鼓励我、安慰我，给予了我巨大的精神力量。

因为很好地完成了博士后的研究任务，当年我被南师大评为优秀博士后。这是我学生生涯中获得的最高荣誉（其实博士后不算是学生，但那时的我还是一种学生的心态，所以自己是这么认为的），其中隐含着学院领导和导师组对我的精神激励。《走在回家的路上——学校生活中的个人知识》一书，也见证了那段艰难岁月，以及我对生活意义和价值的追求。

（二）生活史研究：走进校长的精神世界

通过田野研究认识了一些有理想、有追求、有情怀的校长，是我在学术研究以外的意外收获。另外一个全国教育科学规划课题"学校道德教育改革的社会学研究"让我走进了南京外国语学校仙林分校，结识了钱铁锋校长，并与他成为忘年交。钱校长 60 岁退休后被南京市教育局聘请到南外仙林分校当校长，上任不久就开始推进一系列改革措施，其中一项改革就是班级管理体制改革。我当时作为南师大班主任研究中心主任，出席了南京市教育局在南外仙林分校召开的"班改"现场会，并作为专家做了点评。对这项打破学校固有教育关系、践行全员育人教育理念的改革举措，我是非常赞赏的。应钱校长之约，我曾带领几届学生到学校开展深入调查，发现在班改进行过程中存在的问题，调查报告均在学校的内部期刊上刊发。这项研究让我见证了钱校长作为教育家的胆识：他不回避改革中出现的问题，并且主动寻求专家的智力支持。

　　直面学校改革中出现的问题并客观地加以呈现，这样的研究共识在这次的田野研究中得以实现。建立在一种相互信任基础上的研究关系得以长期延续下去，南外仙林分校成为真正意义上的研究现场：在这里发现改革，见证改革，我与学校渐渐地融为一体。继此课题研究之后，我与钱校长合作完成了《变革学校——一位中学校长的口述史研究》一书，将这种相互信任和欣赏的关系延续了下来。后来钱校长的个人教育文集请我作序，也是对我的一种信任，让我得以更全面更深入地了解到钱校长其人其事，以及变革学校背后的个人生活史依据。从校长生活史透视学校变革，是我在田野研究中与研究对象长期互动、彼此信任基础上生成的一个新的研究类型。基于生活史的主要研究发现概括如下。[15]

　　　　"一个好校长就是一所好学校。"这句话流传很广，并且得到人们的高度认可，它揭示了校长与学校发展之间息息相关的关系。其中，校长的个人因素直接影响和决定着学校的发展方向。而校长的办学思想与教育理念、领导风格与人格魅力等个人实践性知识是如何形成的，又是如何在学校发展中发挥作用的，这一切似乎都可以从校长的个人生活史中找到依据。

　　一个人个人知识的形成取决于自己的生活经验；每个人的思想来源于自身的生活实践，个体生命历程中的关键人物、关键事件更是直接促进了教育家思想的建立。他们的生命活动与自己的教育思想观念或理论是有机统一的。缺乏对其生活史的深入研究，也就无从再现其鲜活的思想与具体的生活之间的动态关联。因此，将一个人的思想置于其生活世界的视野中，将其教育思想和生活史联系起来，不仅可以增加其思想的可读性，使人领悟感受思想的魅力，而且可以使人感受到生活与思想的联系，从而反思并改变教育研究者应有的生活方式和研究方式。

　　就本研究而言，校长生活史研究为我们呈现了钱铁锋校长丰富的人生阅历，以及他在人生不同阶段所经历的事件对其性格、人格形成带来的影响。而其独特的求学经历与工作经历，都为他在南外仙林分校所做的一系列改革打下了坚实基础。

1. 站在学校外部审视教育的规定性

　　钱校长出生于 1947 年 10 月 30 日，那时还是民国。他经历了新中国成立之后的社会改革时期、"文化大革命"时期以及改革开放时期，是中国社会历史变迁的见证人之一。那个年代特有的工厂、农村生活经历，以及在不同学校任职的工作经历和管理实践经验，构成了他作为校长的丰富人生阅历。对钱校长而言，童年时期的学校记忆是快乐而美好的；小学阶段正遇上"文化大革命"，虽因学校停课无学可上但仍不忘读书。他接触了很多哲学书籍，阅读了大量中外文学名著，如《安娜·卡列尼娜》《红与黑》《高尔基》等，这些阅读经历给了他厚实的文学修养，让他形成了大胆求索、不唯教条权威、独立判断和独立思考的习惯。在农村和工厂的人生经历，使他发现了自己的智力优势，在教育方面获得了独特的认知与体验。其中，农村工作经历了通过改革分配方式带来效率提高，使其尝到了改革的甜头；工厂经历对其个人素养的提升，兴趣爱好及思维品质的形成产生了积极影响，如喜欢打桥牌、下围棋等。1977 年恢复高考，1978 年他实现了自己的大学梦。在南京外国语学校（简称南外）工作十七年间，从最初的政治老师到班主任、教导主任，再到常务副校长，在每段工作经历中他都不断尝试变革。在农村、工厂、学校三个不同场域的工作经历，使他得以从教育的内外部系统中获得对教育的独特理解与思考，进而得出"教育是农业，不是工业；教育是复杂劳动，不是简单劳动"等关于教育的判断和认知。

2. 理想信念为教育改革注入原动力

对钱校长而言，人生阅历是他不可缺少的资本，为他的改革注入了源源不断的生命活力。面对民办学校特有的来自家长、社会的期待与压力，面对基础教育领域存在的诸多问题，他并不满足于学校现有的办学条件和生源质量，而是自我加压，不断进取。以一种只争朝夕的胆识和勇气，主动寻求教育的变革之路，使教育改革成为自己生命历程的重要组成部分。他推动了南外仙林分校的十年改革，坚定不移地走出一条属于自己的办学之路。对教育改革，钱校长有自己的理解与体会。"穷则变，变则通，通则久"，这句古话彰显了亘古不变的真理：唯有变革，事物才能保持持久的生命力。鉴于无法在现行的公办教育体制内进行变革，为了实现自己的教育理想，他毅然辞去了南外副校长的职务，放弃了在公办学校的优越地位，在已届退休的花甲之龄，义无反顾地创办了南京外国语学校仙林分校，希望在民办学校相对宽松的环境下，寻求基础教育的变革之路。这样的胆识源于他心中的教育理想和教育情怀。南外仙林分校的创办与发展，在教育领域推行的诸多变革以及南外仙林办学模式的形成，与钱校长丰富的人生经历，以及他在实践中积累和形成的教育智慧是密不可分的。而校长的教育理念、实践智慧的形成，则与他的生活阅历息息相关。

3. 理论先行：思想在改革中的引领作用

一项改革能否走得长远，能否经受住时间的考验，关键就看这项改革的指导思想是否正确。在南外仙林分校的改革过程中，理论具有举足轻重的引领作用。这里的理论既是基于学校校情的"地方性知识"，又是符合教育一般规律的"普遍性知识"，是地方性和普遍性的统一体。贯穿南外仙林分校十年改革史的一条思想主线，就是钱校长提出的"教育力和教育关系"的理论命题。

"教育力和教育关系"这对概念和理论命题是由钱校长率先提出的，经历了一个"大胆假设，小心求证"

的过程。在钱校长看来，马克思的生产力与生产关系概念，对于揭示经济发展规律是极具说服力的，同样地，教育力和教育关系这对概念则可以揭示教育的发展规律。他经过几年的深入思考正式提出了这一理论，并在此基础上形成了南外仙林分校教育改革的指导性纲领文件。在他看来，所谓教育改革不外乎在教育力和教育关系两个范畴内做文章，目前基础教育改革中多数学校都在提升学校的教育力上下功夫，如引领人才、加大财政投入等。在他看来，仅仅依靠提升教育力来提高教学质量，其作用是有限的。真正意义上的教育改革必须是在教育关系上，即在教育体制和教育要素重组上下功夫。在这一思想指导下，南外仙林分校的班级管理体制改革、课堂教学改革、理想教育等系列改革诞生了。对民办学校而言，如何在体制外求生存、求发展，教育关系的因素显得尤为重要，例如民办学校与教育主管部门的关系、与家长的关系、与董事会的关系、与地方社会的关系等均具有特殊性。学校与社会外部环境之间的关系可谓千丝万缕、盘根错节，仅仅局限于对教育内部规律的遵循，无疑会犯"书生气十足"的错误。而成功的改革者需要游走于体制内外，在社会与学校之间有形无形的关系网络间行走，这就需要有非同寻常的意志力、实践智慧和胆识魄力。套用一句老话，这是一个需要改革并且呼唤改革家的时代，南外仙林分校的改革经验无疑为我们提供了一个教育家办学的范本。

　　总之，校长生活史对于学校变革的影响可以概括为：钱校长人生阅历和办学经历的丰富性，决定了他对民办学校的发展道理有着清晰的判断和独立的思考。他不是将经济效益作为民办学校发展的唯一衡量指标，更不是在已有的办学经验基础上因循守旧、坐享其成，而是始终将改革或变革作为推动学校发展的原动力。而其推动学校变革的力量一方面源于他对教育的理想与信念，另一方面则源于他的理论自信，即将改革建立在遵循规律、符合规律的科学理论基础之上。这就进而构成了校长生活史与学校变革之间的内在统一性。这也是钱校长的个人生活史作为研究个案的独特价值所在。

第四章

基于田野考察的研究发现

田野研究经常被人们质疑或诟病的是，那些在研究者看来重要的、新鲜的所谓"研究发现"，站在研究对象和他们熟知的生活视角来看，不过是一些生活常识而已。果真如此，田野研究的意义和价值何在呢？

一、从田野而来的研究发现

如果说我这么多年进入中小学校开展田野研究，有些新的研究发现的话，那么主要可以归纳为以下三个方面。

（一）乡土社会与乡村学校的关联

我当年做博士论文期间，手头必备的经典著作是费孝通先生的《江村经济》，这本书甚至成为我论文写作刻意模仿的对象——从语言风格到布局谋篇。论文中的标题"三访华士"就是直接模仿了费老的"五访江村"。江村可以说是中国农村的一个缩影，而华西村无疑是社会主义新农村的典范。在做田野研究期间，我也曾怀着景仰的心情参观过华西村，而华士实验学校就坐落在这里。不过，当时我并没有把这两者联系起来进行思考。

我的田野研究的一个意外发现是，学校作为地方社会中的一个重要组成部分，其运作方式很可能与地方社会之间有着相似之处。这在以往我自己的阅读经历和生活经历中都是不曾遇到的，那就是现代学校制度、某一种先进的教育思想和理念，例如主体性教育，可以依托中国传统的家族制模式来运作。作为中国传统文化核心的家族或宗族制度，是如何实现与现代学校制度的耦合的？从另外一个角度来看，能否说用中国传统的家族制来运作一所学校，也是发挥人的主体性的具体体现呢？因为按照我们对现代学校制度的理解，现代学校制度无疑是建立在现代工业文明基础之上的，它强调规范化、标准化，尤其重要的是强调学校教育的公共性，是进行现代公民教育和培养的重要场所，是现代性的集中体现，与中国传统的家族制似乎是水火不相容的。

然而在这样一所农村中心学校中，学校的运作方式与地方社会之间有着相似之处近乎一种"常识"，被当地人广为接受。如果不是长期深入学校日常生活，与生活在这里的领导、教师、学生，甚至食堂里的师傅们深入交流，我是很难觉察到这一点的。对于生活在这方土地上的人而言，这一切是那样的自然而然、顺理成章，而对于我这个研究者而言，按照理想的教育观念，这一切又是难以理解的。

家族制度在这所学校里，主要体现在学校管理层、行政人员和后勤服务人员的任用方面。例如，从学校管理层里的主要领导到学校食堂管理人员，都是一个家族的成员，他们相互之间是或近或远的亲戚关系。如果这是一所私立学校尚且可以理解，但这是一所公办学校，是镇中心学校，所以学校就变成了乡土社会的一部分，或者说学校本身就是一个乡土社会。而这样的觉察是在我离开田野之后，置身现代国际大都市的上海，在与周边学校的比较中发现的，但又是不能拿到桌面上谈论，或者在论文中加以呈现的。但在今天的我看来，现代学校制度与传统家族制的结合，恰恰是这一次田野研究最重要的发现。

文化不是科学的"客体"（假设这种东西真的在科学中存在）。文化和我们对"它"的看法都是历史地生产、激烈地争斗出来的。[3] 作为一种社会事实的中国传统的家族制，它客观地存在着，并在乡土社会中发挥着重要作用。而通过学者的研究，客观地将其呈现出来却并不容易。这种不易，对当地人可能是"习焉不察"，抑或是有所觉察但迫于某种权力关系无法言说。具体到学术研究的规范，这样的内容及其呈现方式需要得到当事人的知情同意，从当权者维护自身利益的角度来看，即使由学者将其以客观知识的方式呈现仍然面临着重重困难。知识与权力的关系决定了地方社会及其知识的客观化与外显化。这样一种微观权力关系恰恰构成了田野研究的一个重要组成部分。

（二）跨越大学与中小学的文化鸿沟

作为生活在中学与大学两个不同场域的"双栖人"，我在潜意识中总会不自觉地对两个场域进行比较。我发现两个场域最大的不同在于时间和空间，中小学教师的时间和空间是完全不自由的，而大学教师最大的特点就是自由。一位高中数学教师（他的爱人在大学工作）曾经感慨，单是不用早起这件事，就让他特别羡慕。时间和空间的不自由，把中小学教师紧紧捆绑在学校那一方小天地中，如果不是外出培训或学习，教师是很难走出自己的世界的。近些年来，随着人们物质生活水平的不断提高，假期出去旅游也成为广大中小学教师看世界的重要方式。这对于开阔他们的眼界，调节他们过于紧张的压力是很有帮助的。

在大学与中小学合作关系（U-S 合作）的背景下，中小学教师更多地被建构成被改造的对象，教师的生活世界很难完整地呈现在研究者面前，而田野研究就是一种很好的呈现方式。随着人类学的研究范式被大家广泛接受，作为田野研究对象的中小学教师及其生活世界也从后台走到了前台，这对于弥补大学与中小学之间的文化鸿沟是非常有帮助的。

（三）意外后果：文化惯习的力量

教育改革的预期是改革向着积极进步的方向发展，虽然会历尽千难万险，但最终结果是积极的、进步的。尽管如此，改革者对于教育改革过程的复杂性、改革条件的不适切性往往在最初估计不足，特别是改革过程中出现倒退，影响了学校的教育教学质量，导致改革难以被各个相关群体接受的情况。反之则是，对改革的艰巨性的预估过高，或者不能承受改革的必要代价，导致很多人惧怕甚至是排斥改革的发生。

南外仙林分校的整体变革史就是一场改革者同各方力量甚至是文化惯习抗争的历史。例如，旨在使更多教师参与班级教育和学生发展过程的班级管理体制改革，在改革初期就遇到了因教师观念没有发生转变进而造成学生负担加重的现象；从班主任一人负责制到班级教育小组集体负责制的转变过程中，出现了管理效率低下、人浮于事的现象等。这种时候，如果没有对改革的坚定信念，改革很可能就会夭折或半途而废。

文化惯习的力量，在从事了八年的学校改造项目中我也屡有体会。例如，旨在调动课堂中学生参与的积极性而实施的"对话合作探究的课堂教学模式"，因为评价机制的存在及教师的分数取向，转而演变为对学生进行组内的等级划分，导致教师对学生按照成绩进行分化的现象。这也说明，任何一项改革都可能是牵一发而动全身的，任何局部的改革都是对整体的改革，脱离整体考虑局部将难以取得理想的效果。

二、田野研究的知识和文化立场

（一）立场与科学：田野研究的知识立场

　　讲当地语言、住进当地人的环境，已经成为做田野研究的（并未被普遍实践的）学业规定。但我觉得，获得真知的关键还不止于此。多年的体验，反复的比较，使我不得不确信这样的结论：没有纯客观的科学、学科和学者。"先验"在学术研究中是一个耐人寻味的因素。科学的目的性，学科的方向性，学者的既有素质，包括政治觉悟和感情色彩，暗中主导着调查研究的路径及获得真知的成败可能。主观成分会慢慢溢出冰冷的学术框架，使学者陷入可贵的激动、矛盾、纠结……

　　立场和科学之间，有一道隐秘的连线。很多时候，多年的学者只在真知的外围徘徊，原因也许并不在于知识训练不够，而在于他们的脚上没有泥巴，学者的矜持和傲慢使他们难以不耻下问。

　　　　　　　　　　　　　　　　　　——索飒[5]

　　人文社会科学的某些学者始终有着知识分子的清高，他们自恃智识上的优越，认为他们比劳工阶层更有知识，更有智慧。而田野研究秉承的平民立场，则还原了底层以及底层文化的原创性和生命力。民族志写作的意义和价值，除了为弱者发声之外，也是在与现行的学术规训体制进行对话，写作的政治学意义凭此凸显。

何谓学术？什么是真理？什么是客观性与主观性？为他者代言何以可能？整体与部分的关系是怎样的？这些方法论层面的问题，背后仍然是知识与权力的关系，即真理的标准或科学的标准究竟掌握在谁的手里？除了尽可能客观地呈现社会事实之外，田野研究作为一种充满人文色彩的研究范式，能够为那些不能自己发出声音的弱势群体代言，能够凸显民族志研究特有的力量。

对我而言，一直把中小学校和教师作为自己的田野研究对象，首先需要颠覆的是高校教师与中小学教师在地位上的不平等，以及知识系谱中的高下优劣之分。其次，我对学校在整个社会系统中所处的位置、教师在学校体制下的生存境遇有了更多的体认：教师在受到现行体制的约束与宰制的同时，自身也蕴含着丰富的革命性力量和主体性成分。广大中小学教师主体性发挥更多地受制于时间上的绑架——因为大量的琐事缠身，教师渐渐迷失了自我奋斗的方向和动力，进而表现出一种无力感和无奈感。

田野研究能够进行下去，需要建立在研究者与研究对象之间相互信任、达成共识的基础之上。但在实际的研究过程中，研究对象往往是在毫不知情或不完全知情的情况下，被带入研究者设计的问题情境中的，因而研究对象与研究者之间是一种不对等的"对话关系"。

如在访谈中，多是以研究者主动发问为主，研究对象更多的是回答对方的提问。因此，质性研究更多的是研究者的自我建构，对研究对象意义世界的影响与建构主要发生在干预式的行动研究过程中，至于干预的程度则有赖于实践者对研究者的接纳与认可。在研究者与研究对象之间，在理论与实践的关系上，研究者或理论工作者往往居于强势一方，更关注的是研究目的与任务的达成，而研究之后的实践场域仍然按照既有的"实践逻辑"在运行。因此，对研究对象的关注以及其意义世界的建构，并不是田野研究追求的目的或研究者的本意。如果说某项研究起到了这样的作用，往往不是研究者主观追求的结果，而是研究的副产品。如此看来，田野研究的价值岂不是只在于研究者个人，而不具有任何的公共目的或社会价值吗？也许在个人困扰与公共议题之间并不存在截然二分的研究目的，任何研究都是建立在研究者个人旨趣的基础之上的，与个人旨趣毫无关联的、完全出于公共目的的研究即使不是绝无仅有，也绝非普遍。

在田野研究过程中，研究者往往带着自己的研究目的和研究意图，试图走进研究对象的内心世界，进而获得自己所需要的研究资料。研究者除了用自我合法化的研究动机和认识目的为自己的研究行为辩护外，对于自己的研究可能会对研究对象的生活带来怎样的影响，往往缺少真正的关照。质性研究对于研究对象，究竟是一种压迫的力量，还是解放的手段？出于个人私欲的研究目的所产生的研究问题，当然本身也有一定社会意义，但这样的研究意义对于所研究的对象往往并无意义，研究只可能给他当下的生活带来诸多不便和影响。例如，在一个班级长期蹲点或听课，对上课老师就会有各种有形无形的影响。

随着社会的发展，研究对象的主体意识逐渐增强，是接受还是拒绝配合研究项目，他们也许会做出更具自由度的选择与取舍，甚至还会由被动变为主动，开始主导研究过程。例如，提出自己的条件，就其中的权力和利益关系达成某些共识。看起来客观的研究中，不乏围绕利益展开的博弈与谋划，在整个研究过程中，研究对象不再是任人摆布的牵线木偶，而是希望发出自己的声音。而这样一些看似与研究无关的"潜规则"，在研究文本中大多被忽略不提。

从实际达成的目标来看，田野研究大致有三种类型。

（1）理论建构型。有些田野研究属于强理论建构型，即在研究中，研究者有非常明确的理论建构意识和强烈的理论诉求，所收集和占有的资料仅仅作为研究者理论观点的佐证。此类研究在某种意义上可谓"借他人之口说自己的话"，研究者的个人预设及其理论追求占据主导地位，研究在很大程度上是为了完成自我的理论建构，研究者对自我的关注甚于对研究对象意义世界的关注，研究对象只是研究者达成自己研究任务的工具或手段而已。

（2）理解解释型。此种研究类型体现了对研究的客观性的追求，尽可能忠实于研究事实，旨在对研究对象的行为和意义世界做出尽可能客观的理解与解释。研究虽然指向研究对象及其意义世界，但是他者的意义世界并不是完全自足存在的，而是经由自主选择进入研究者的视野的。正如进入照相机的影像本身虽然是客观存在的，但却是被摄像者选择和取舍的，因而不再是纯然客观的。在某种意义上，研究对象的意义世界就是研究者自身意义世界的投射。

（3）意义互构型。研究者通过自己的研究行动，客观上参与了研究对象的意义建构，或成为研究对象意义世界的重要组成部分。这主要体现在行动研究中。其中，研究者与研究对象之间、主观与客观之间的对立与紧张已经不复存在，二者在某种程度上实现了视界融合，即你中有我，我中有你，研究者和研究对象之间实现了意义互构或同构。

以《走在回家的路上——学校生活中的个人知识》一书为例，正如书名所示，研究以探索教师教育教学生涯中意义世界的建构为主要目的，包括对中小学教师从事教科研的意义和价值的理解。站在教师的立场来看，中小学教师承担着大量的、繁重的教学和管理任务，教科研意味着发表论文或做课题，并且大多是为了完成学校规定的任务不得已而为之，很少是从教师自身专业成长的需要出发。通过长期深入中小学教育教学实践，我在对"中小学教科研的有限时空"加以客观呈现和共情式理解的同时，带领教师一起参与课题研究，引领教师对自己的日常教育教学行为进行反思，并且以一定的研究成果方式呈现出来，帮助教师发现教科研的意义和价值所在，从而完成了研究者和研究对象意义世界的互构。

综上所述，无论是完全意义上的自我建构，还是尽可能客观地呈现研究对象的意义世界，抑或通过与研究对象的积极互动，实现对方及自身的意义建构，都是研究者角色意识及其主体性发挥的具体表现，也是对质性研究中"以研究者作为研究工具"的具体实践。

在田野研究中，研究什么，如何研究，收集哪些资料，这些资料如何呈现，完全视研究者的自我建构情况而定，进而成为一项主体性的实践活动。量化研究则借助一定的外在研究工具（当然这些工具也是人的创造物），看起来更加客观公正。因此，研究者作为研究工具的个体性或主观性，成为质性研究方法经常遭到质疑与诟病的主要原因：质性研究方法的目的与意义是什么？仅仅是提供一个极具个人化的看问题角度和方法，还是得出普适性的结论？从认识论角度分析，质性研究方法有助于打破主观性与客观性的二元对立，还原人类认识活动的原初状态，不再使用被一系列科学规程所限定的"标准化文本"，借此呈现出人类认识活动的复杂性、丰富性与开放性。

田野研究的写作，就像面对一幅巨大的全景照片，无论你站在哪个角度，关注（观看）什么方面，都可能会忽略其他角度和细节。从这个意义上说，写作始终是一门遗憾的艺术。写作者只是尽可能全面深入地呈现社会事实，至于能够做到何种程度，那是受到诸多主客观条件制约的。质性研究中的自我评价与判断作为一个重要维度是不可或缺的，毕竟只有研究者自己才知道哪些地方还有欠缺。对于我自己，"此时此刻我做到了最好"，就成为一个重要的评判写作质量的标准。

（二）田野研究的文化立场

在民族志研究中存在方法论严谨性的问题，这样的问题也同样存在于其他研究方法中。这些问题包括：问题和概念定义、研究设计、术语的操作化、具有代表性的研究人群的选择、最适当方法的选择、资料的证实，以及随后的对资料的分析、解释与评论。简单地说，民族志研究中潜在的方法论问题可以通过严格的学术训练来加以克服。

民族志研究对教育研究的重要贡献是分析了有关文化的错误概念，以及在少数民族与少数群体之间进行了区分。以往的教育研究文献（主要是以量的研究为基础）研究的常常是孤立的变量，将教育过程与更大范围的社会和文化背景分离开。对研究中涉及的意义进行不正确的理解，或仅仅不全面地、没有根据地来界定概念或术语，使得实验或实证研究遭遇到一些问题。教育问题常常被认为是在被研究的个体或群体内部的，而不是在学校、课堂或其他的社会机构之中的。离散的变量和整体的各部分之间的互动、过程和相互关系的复杂性，在非民族志的研究中是不会得到注意的。

民族志研究的优点是多样性、现实性和复杂性，一项研究中有多个参与者。故此，民族志研究为理解多样性和微妙性提供了大量的描述性资料。民族志的优点在于研究现象有意义的背景化，能够更为全面地解释概念和现象、评价部分与整体的互动。[6]

正是在限定脉络中通过长期的、定性的(尽管有例外)、高度参与性的、几近痴迷的爬梯式田野研究得到的那种资料，可以给那些困扰当代社会科学的宏大理论——合法性、现代化、整合、冲突、个人魅力、结构、意义等——提供那种合理的现实性，使我们不仅能够对它们进行现实性和具体性的思考，而且能够用它们来进行创造性和想象性的思考，这是更为重要的。克里福德·格尔兹

每一个社会行动者都共同参与了对他们自身命运的建构，其构建方式并不是简单地由外界决定的，而且在这一过程中，他们通常在"文化形式"的复杂迷宫中自享其乐。威利斯

三、教学建议：分析与表达的艺术

（一）变通：将抽象概念转化为具体观察点

准备申请博士或硕士学位的研究生，在开展田野研究之前或之后，都要受到一定的学术规训体制的制约，例如，开题报告中要有明确的写作提纲或研究框架。但其实，对于真正的田野研究，那些写作提纲或分析框架几乎是没有用的摆设，田野研究可以基于一定理论或概念提出研究假设，但如果不是对已有理论特别偏好，那么在具体开展研究过程中对理论或者概念是需要取舍的，否则就是削足适履——用固定的理论来裁剪丰富多样的教育实践。

以我的博士论文 "师生互动中的学生主体性研究" 为例，这一研究问题的提出是建立在逻辑推演基础之上的——从哲学中人的主体性，到教育中人的主体性，再到师生互动关系中的学生主体性。这是一项以哲学、教育学的应然状态作为研究的出发点开展的实然研究：通过深入实地的调查研究，发现师生关系的现状，以及学生主体性发展的现状。所选取的研究对象也是以主体性教育见长的，某种程度上是基于媒体宣传报道的一种理想状态。而当我走进这样一所"理想学校"，深入到教师学生的日常生活中，才发现理想与现实之间的距离和落差。此时，如果继续沿着先前的那种理想化的思路几乎是无法完成这项研究的，需要调整最初的研究思路，将关注的目光从抽象的概念转移到对现实生活中制约师生主体性发挥的制度性因素的考察中。于是，我将最初仅仅关注课堂教学中的师生互动、生生互动，拓展到学校的发展演变历程、学校的管理体制，以及学校里的人际关系等外部环境因素，拓展了观察范围和研究视野。

基于我个人的研究经历，我体会到，年轻学者对纯理论或概念的偏好，是建立自己学术自信的基础，也是自己学位论文学术品质的具体体现。但如果仅限于此，不向田野研究、教育实践开放，而是固守已有的研究假设和分析框架，就如同不肯放弃手中的拐杖，一定是走不长远的。在田野中重新发现并建构真正意义上的研究问题，而不是凭空想象的研究问题，是开展田野研究的关键一步。

（二）场域：田野研究中的结构性因素

就我自己所做的三项田野研究而言，最初的研究问题"师生互动关系中的学生自主性""教学过程中知识的社会建构""学校道德教育改革"，都是比较明确而具体的。但随着田野研究的不断深入，我却发现：仅仅就研究问题谈研究问题，往往是很难说清楚的，必须关注到该项研究更为宏大的社会或学校背景因素，才能找到问题的原因所在，进而才能做出更具解释力的阐释与分析。

例如，"师生互动关系中的学生自主性"，必须置于升学主义的学校文化背景和华士实验学校的地域文化背景下来理解。
我当时就发现，学生自主性的构成要素与表现形式，并不像学
术概念界定的那样条分缕析，而是可以按照不同维度或层面来
呈现。在中国传统文化背景下，学校生活或课堂生活基本上处
于教师的掌控之下，完全意义上的学生自主性是不存在的，或
者说学生自主性是一种有限度的自主——它在很大程度上依赖
于教师为学生释放出的自主空间。而教师的课堂行为或教育行
为又受制于学校的制度环境，以及学校所处的地域文化环境，
这就是人类学意义上的整体性或整体观。与之相似，"教学过
程中知识的社会建构"及"学校道德教育改革"问题，本身更
是具体而现实地发生在学校场域中，研究问题这一局部只有置
于学校这一整体中才能获得理解与把握，正所谓"皮之不存，
毛将焉附"。而整体观的获得与把握，并不能直接化约为一定的、
抽象的、放之四海而皆准的原则，只有在研究者针对不同研究
问题开展的不同的田野研究实践中才能获知。正所谓"纸上得
来终觉浅，绝知此事要躬行"。

（三）表达：从田野日记到论文写作

相比"田野日记"或"论文写作"，我个人更喜欢用"田
野研究中的写作"这种表达，因为它更接近日常生活的真实。
因为田野研究是在真实的生活场景下发生的研究行为，不仅是
针对研究对象而存在的，更是对作为现实生活中的人的"研究

者"的日常生活的真实再现。然而有时候，这样一种研究的真实，被日益严苛、规范的学术体制所遮蔽，变成了完全外在于研究者的纯客观行为。

1. 田野日记

田野日记在田野研究中居于特殊的重要位置，是指研究者在研究过程中将自己的所思所想以日记的方式记录下来。它是研究者写给自己的研究备忘录，既可以视作严格意义上的学术研究的"边角碎料"，又可以作为透视研究者心路历程的真实读本，是田野研究的另类表达。在从事田野研究的过程中，面对事先准备好的研究计划和研究问题与真实的研究现场之间的巨大落差，几乎每一个初学者都会感到手足无措，不知如何下手开展自己的田野研究工作。于是，将这些困惑和问题，以及在田野中遭遇的痛苦挣扎、彷徨犹豫，甚至想放弃研究的绝望，到最终通过调整研究思路，终于迎来"山重水复疑无路，柳暗花明又一村"的豁然开朗，一一记录下来，这些心路历程就成为研究者一笔宝贵的精神财富。这样的记录和写作本身，就成为研究者自我成长的旅程。

下面呈现的就是我在做博士论文期间所写的田野日记。当时并无今天的方法论自觉，只是遵循了田野研究的自然属性所采取的行为。

田野日记摘录（2009 年 4—6 月）

4 月 10 日

我在抽象的理论与具体的实践之间穿梭往来，渐渐地迷失了自我，感到既缺乏一种站得住脚的理论，又缺乏一套在实践中行之有效的行为策略。我困惑、迷惘，不知何处是归途，抑或是一个不辨方向的行路人，在想做与能做之间徘徊。当新的一天到来，怀着"太阳每天都是新的"的信念，像渔民出海一般开始每天新的航程，不知等待着自己的是什么，是满载而归，还是两手空空？

5 月 10 日

随着研究工作的进展，我逐渐发现认识上的应然、学究式的计划，同实践中可行的工作计划、行动策略是两码事。实际工作中实行的是不同于学院文化的另一套行动哲学。社会科学工作者要取得理想的研究结果，就不得不抛弃某些学究式的假设，掌握一种切实可行的行动策略，而这种行动策略同书斋式的研究是大相径庭的。实践中的逻辑是想到了就做，而不是等考虑成熟了再做决定，那样就会贻误时机。

5 月 18 日

这次搞实地调查有几个潜在的动机，一是想重温童年的梦，给当年平淡无奇的童年增添一些色彩；二是能够走近儿子，更好地理解当今的中小学生；三是重温做中学教师的梦，寻找当年青春年少的我和爱人的影子。在这个过程中，我曾经一度淡薄了研究结果，赋予研究工作以太多的诗情画意，相信"但问耕耘，不问收获"，只要有一个个充实的今天，就会有一个丰硕的明天。当导师提醒我时间已过半，所收集资料能否写成论文，还需要做些什么补充时，我才猛醒，是该收获的时候了。导师的提醒可谓及时、切中要害。不善于总结、归纳，这正是我的薄弱处。我需要摸索出适合自己研究问题的研究方法和工作方法。

5月21日

突然间想到，我所从事的研究同校园里的理论研究哪个更有意义，抑或二者都没有意义？定性研究的意义和价值何在？哪些工作是他人或其他研究所不可替代的？我想大概就是它的情境性、真实性吧。论文要站得住脚，还得靠它自身的生命力，在实践中的生命力。就像安身立命要有几条原则，论文也要有自己的血脉。

5月30日

研究者所关心的是实际的教学工作中教师和学生的真实感受，他们的心理活动。而在实际开展工作过程中，他们出于各自地位、角色的不同考虑，以及对我的身份的不理解，很大程度上不肯暴露自己的真实想法。例如，今天上午七年级有一堂政治公开课，是华士片组织的，教师都是各学校选拔出来的。上课的是外校的教师，讲课内容又是学生以前学过的，题目是"打开心灵之窗"，是讲有关人的情绪及影响情绪的几个因素。授课方法可以说是典型的灌输式，学生规规矩矩地趴在桌子上，眼睛直盯着书本。如此简单的内容，又是重复上课，教师教法又很简单机械，既没有提供比课文更丰富的内容，又没有任何情感的投入，听起来应该是十分乏味的。看看同学的反应，也是很麻木的，注意力也并不在教师的讲课上。课下，我想了解一下学生对这堂课的想法。也许他们不知道我的用意，还是以为是上面派来检查工作的，抑或是一种惯常的戒备心理，几个同学竟然表示非常满意，说明他们已经习惯了这种教法。而类似的教研活动，各种讲课比赛、教学公开课每学期都有几次，但是我感觉到，这些活动并没有起到推动教学改革的作用，很多的讲课变成了一种表演，学生则被当成是道具，任人摆布。作为当事人的教师、学生都是不在场的。学校的教研活动究竟如何开展，才能触及传统的教法的根本？是否能够激发起学生学习的积极性，应该成为衡量一节课成功与否的标准，而不是看你采用了什么教学手段。看来，根本的问题还是评价标准问题。

6月8日

研究者时常处于一种尴尬的境地，对于教师司空见惯的日常事务，你却要不停地询问"是什么"或"为什么"，就像一个不谙世事的孩子。生活中有许多事是讲不出太多理由的，而对于实践工作者来说，他们关心的是怎样做，需要的是具体的指导。如何转化差生，如何提高学生的考试成绩，最好是有什么灵丹妙药，吃了马上可以见效。结果是他们需要的你不能满足，而你想知道的他们又不关心。你的研究工作同他们要应付的日常工作是两码事。什么时候，研究成为实践工作者的内在需要，或者教师能够用研究的态度对待自己的实际工作，理论同实践之间的距离就缩小了。例如，在长期的接触中，教师经常提出一些具体问题：

> 齐博士，有没有一种既让领导满意（意思是考出好成绩），又让学生学得轻松、愉快的办法？这几个学生我是拿他们没办法了，你是专门学教育学的，你有什么好办法没有？你们这些搞研究的，应该去当教委主任，要不就由你们负责出考题，否则，光搞研究，理论上说的是一套，实践中又是一套，没有用的……

面对教师的牢骚、抱怨，我感受到理论的苍白，个人力量的渺小，对自己的学科、对自身研究工作价值产生了怀疑。我该怎么办，是继续躲进书斋，在一系列概念和术语中搞文字游戏，还是到实践中去，做一些力所能及的工作？这次研究无疑是对自我的一次挑战。我这里把我的这段经历如实地记录下来，包括自己的切身感受和体会，尽管它与真正的理论可能相去甚远，但它毕竟是真实的。只有这样做，才能对得起一个理论工作者的良知，也才不会辜负来自教学一线的教师、学生对教育理论工作者寄予的厚望。因为我对生活在这块土地上的人们充满了爱，因为我曾经是他们当中的一员。

6月10日

两种不同立场：

　　研究者和实际工作者遵循的是两种不同的游戏规则：研究者关心的是学术问题，是实际事物的意义、价值问题，是支配着实际工作者行动背后的东西，即潜台词、潜意识。而实际工作者是演员，是前台的行动者，面对不同的观众（学生、领导、研究者）要有适当的不同表现，既要讲好课，应付不同方面的听课者，要琢磨听课人的不同口味，又要有提高学生成绩的"硬道理"。既印证了戈夫曼的"拟剧理论"中前台、后台的划分，又符合布迪厄的"场域理论"。即在同一"场"内，人们利益相关，符合特定的游戏规则，因为在这种游戏中发生的事情与个人相关，它的利益关系是重要的，并且是值得追求的。这就是为什么有的家长要逼着10岁的孩子早上不到5点就要起床学习，为什么教师要早上6点以前就到教室让学生早读，为什么即使学校规定下午5：30以后不许留学生，还有不少班级要到6点钟才放学，得学校领导赶他们才走。为什么这些违犯教育规律的做法能够行得通，而真正的理论却只能是空头说教？而我们劝教师不要体罚学生，不要罚抄作业，可有的学生就是不写作业怎么办？在这些具体问题面前，研究者要保持价值中立的立场，实在是一件困难的事。由于不在同一"场"内生活，所以对实际工作者感触颇深的具体问题缺乏一种直感。因此，在实际工作者眼里，你的工作是与己无关的。"场"的不同，游戏规则不同，话语方式不同，二者联系、沟通的媒介是什么？如果需要是单方面的，即单纯来自理论工作者的一厢情愿，那么，就会失去交流的契机。

2.论文写作：田野研究成果的学术表达

如果田野研究成果的表达方式仅止步于田野日记一种方式，那就与日常生活没有任何差别了，并没有体现出学术研究"源于生活而又高于生活"，这一点跟文学创作有点类似。学术的魅力或文学的魅力在于，见常人所未见，借助理论的一束光照亮混沌的日常生活世界。在此意义上，田野研究并非对现实生活的临摹，而是由研究者构筑的意义世界，是借助研究者的慧眼看到的另外一个世界，在这个世界里，有你、有我、也有他。

在我下面的这篇文章里[16]，真实呈现了一个经受过社会学学科规训的自己，游走在文本（话语）世界与现实生活世界中的矛盾、困惑与挣扎。

在从事教育社会学的研究过程中，我日益深切地感觉到，对文本和话语的偏爱正逐渐取代了对生活本身的关注，研究者离生活的真实已愈来愈远，学者的清高正逐渐取代了研究者的实践。在学术圈子里，我们生活在语言的幻象中，变得不再拥有自己的语言，离开了权力、话语、文本、场域等概念，我们便无法讲话。话语的霸权使我们每一个人都变成了失语者，而每个人既是受害者，同时也共同构筑了这种语言的现实。伴随着失语现象出现的，是人们失去了自己精神的家园，人的现实存在与人的精神存在之间的隔离。话语变成了一种符号，甚至是一种身份的象征。话语实践的过程成为学术场域中每个人的生存需要，而全然不顾话语本身的特殊语境，以及话语产生的问题域是什么。这是一个制造话语、生产话语的时代，学人们被淹没在话语的海洋里，人类在自己创造的语言世界中失落了自身，无疑成为人类的悲哀。回到生活本身，将人类的一切活动奠基在生活的土壤之上，无疑是人类自救的唯一途径。除了生活本身，人类本无实体性的存在。

对教育社会学研究的困惑主要来自两个方面：一是大学的研究场所，即所谓的"学术场域"；二是实地研究的现场，即中小学教育教学实践的现场。随着教育社会学研究场域的转换，两种不同研究范式之间经常会处于矛盾冲突之中。

最感困惑的是我的边缘人的立场，在实践工作者面前被当作是搞"理论"（什么是理论？什么样的理论？）的，而在研究者的行列里，又感到自己没有"理论"，甚至操纵和驾驭不了任何的理论话语方式，几乎成为"失语者"。我们被淹没在人类自己制造的话语的世界里，不知道是我们在操纵话语，还是话语在操纵着我们。话语变成了游离于人类的异己的存在。话语比思想，比现实更重要。语言的幻象遮蔽了生活的真实。我们在模仿着别人的语言，而忘记了语言所特有的语境和文化脉络。于是乎，理论、论文越是别人读不懂的越好。大家似乎都在玩一场"皇帝的新装"的游戏，为了个人所谓的在学术圈的地位（少数权威人士的认可）而达成了一种默契。其实生活中更多的是"沉默的大多数"，以及"缄默的知识"，纯理论的知识只是整个人类知识体系中的一个很小的组成部分，而社会现实主要是由"缄默的知识"和日常生活中的知识构成的。如果不希望我们的理论对现实有所改变，起码对现实要有所反映和透视。最终关注的问题是，什么是理论？不同的"理论"是怎样被生产出来的？现场需要什么样的理论？甚至就是这样的发问方式本身也会成为社会建构的结果。

从知识社会学的角度分析，知识的生产过程取决于两方面因素：前在的知识（理论预设与对研究方式的把握）和研究者的价值诉求。研究什么，如何研究，既受到研究者个人因素的制约，同时也是社会建构的结果。特别是研究者所处的学术场域，以及一个时代对于学术规范的理解，都对研究者的研究行为产生影响。在实地研究中，研究者作为一个实践者、行动者，会受到实践理性的制约；同时，也会受到他所处的学术共同体的科学理性的制约。

也许是长期沉浸在中小学教育现场，使我的研究活动总带上鲜明的现实取向。我会自觉不自觉地站在中小学教师的角度来思考：这样的研究是给谁看的？他们能不能理解？研究是一种研究者的自娱自乐，还是有更高的价值追求？研究者的研究行为的最终评判者是谁？是实践还是学人的自我认可？作为教育学的一个分支学科，教育社会学如果放弃了教育应有的价值追求和人文关怀，不从事任何改变现实的工作，仅仅是做一种纯学理上的追求，那么这种研究除了自说自话，就只能是玩文字游戏，它会离真正的生活越来越远。

（1）实践取向与理论取向——两种不同的范式

实地研究中存在着两种不同的研究范式，一种是旨在干预现实、改造现实，带有明确的实践取向的研究。这就是通常所说的教育实验或行动研究。其假设是，认为存在一种更加理想的教育状态，研究者通过变革实践的行动来改变现实，使之向着自己理想的状态转变。行动研究的理论意义在于：研究不应该仅仅局限于追求逻辑上的真，而更应该关怀道德实践的善与生活取向的美，理性必须返回生活世界才能获得源头活水，研究是为了指导人们立身处世的生活实践，带有明确的价值预设以及改造现实的意识（陈向明，2000）。这是属于教育学的研究范式，认为理论的价值在于认识实践，改造实践。

另一种研究取向是理解、解释，或批判教育现实的，带有明显的分析批判色彩，仅作为一种学理上的追求，它不以改变现实为目的。其假设是，现实总有其存在的合理性以及内在的发展逻辑，研究者的作用在于将其揭示出来，使之从无意识状态进入意识状态，以增强人们实践的目的性。研究旨在理解和解释现实，不进行价值判断和价值干预，力求站在客观公正的立场上，与现实保持一定距离。这是属于社会学的研究范式。

两种研究范式不同，价值追求也不同。前者带有明显的实践—行动指向，旨在改变人们的行为，具有行动、策略价值；后者具有分析、批判取向，意在发现、澄清问题，具有认识价值。

（2）研究者的立场问题

与两种研究范式相对应，在教育实践中也有两种不同的研究立场：一种是自居于文化下位，具有明显的平民意识，更多的是面向现实的思考，自觉充当实践的代言人；另一种是以文化上位者自居，研究者俨然是公正客观的真理的化身，实验、现场仅仅是作为理论的注脚，本身并无太高的价值。前者具有明显的变革现实的意识，后者则更倾向于对现实做深刻的分析和批判。其实，研究立场同研究范式并不是一一对应的。两种不同取向的研究者都可能扮演理论权威的角色。研究者在实地研究中的角色定位是一种个人的取舍还是社会的建构？研究者的立场问题——是站在客观公正的立场上（在实地研究中，价值中立的研究立场何以可能？），还是站在实践工作者立场上充当中小学教师的代言人（充当中小学教师的代言人何以可能？）？是什么决定了研究者的不同立场？

　　在实地研究中，研究者很难站在客观中立的立场上，并与现实保持一定的距离。在中小学教育的现场，研究者的身份使其不可能对现实冷眼旁观，如果没有与实践者的深层互动，就很难了解真实的生活。而在这种互动中，双方的地位是不对等的。即使不是出于自觉，研究者也不得不扮演一个指导者的角色。因为在现场中，中小学教师通常会问这样几个问题：你想在这里做什么，你想让我们做什么，你告诉我们怎样做？研究者的出现就是对现实的干预，区别在于是有意还是无意，以及干预的程度。研究者在现场中的角色，无论是建构理论，还是应用理论，他总是作为理论的生产者而出现的，这种角色既是出于理论工作者的自觉，又是来源于现场的

需要。实践呼唤理论，也需要理论的指导。关键是什么
样的理论才是实践所需要的？实地研究中的理论往往是
情境性的、脉络化的，它与实践是密不可分的。它来源
于实践，同时又对实践发挥着引导作用。

在实地研究中，作为当事人与作为研究者的意义建
构是不同的。前者是基于实存的教育，教育教学作为一
种现实存在，同教师的衣食住行是密不可分的。而对于
研究者在现场的研究，更多的是基于研究者自己的教育
理想，而这种理想与现实总是有距离的。因此，研究者
与实践者的距离是一种客观的存在。在实地研究中，无
论研究者如何设身处地，作为研究者的"我"不可能成
为实践中的"他"，作为教师代言人的角色如何可能？
而作为基础教育的现实不是由少数的研究者建构起来
的，而是由广大的实践工作者建构起来的。对于教育世
界的意义存在着多重建构。因此，研究者只能忠实于事
实，并尽可能客观真实地反映现实。

总之，实地研究中的研究者是谁？是作为个体的有
血有肉的活生生的人，还是作为一个类的研究者，代表
着所谓的学术共同体？无疑，任何研究都是个人的研究，
同时又不完全是个人的研究。他无疑会受到当时的学术
场域的影响。要保持研究的独立性，不仅表现在不被现
实的假象所遮蔽，同时也表现为不被人类所制造的语言
的幻象所遮蔽。而研究者对于自己研究立场的自觉，在
一定程度上可以防止新的话语霸权产生，使知识的生产
过程更加科学理性，使知识成为人类认识世界、改造世
界的工具，而不是自我束缚的新的枷锁。

3.他者的田野故事的意义

这里引用了我指导的博士生沈茜的一段关于田野研究的经历和感悟。[17]

> ### 田野研究的社会关怀：教育人的"善"是否允许？
>
> 　　田野研究中，研究者是以自身作为工具而开展研究工作的，自己作为一个完整的人，无论是否有意规避，自己的情感、理性、经历等都会同时参与其中。因为教研员身份及教研机构的特殊性，我在田野中时时面临两难境地。我以参与观察为收集资料的主要方法，理论上应该置身事外，时刻保持距离和客观，但实际中常出于种种原因而被裹挟其中。作为接受十多年师范教育训练的师范人，自身的教育情怀、人生观、价值观及与人为善的行为风格等也体现得淋漓尽致。
>
> 　　我的研究对象张海是N市德育领域里有一定影响力的教研员，他经过多年的基层实践，逐渐从一个非科班出身的乡村教师，成长为在德育领域小有名气的德育专家，并形成了一套自己的理论，如班集体建设的"五个方面六个步骤"：班会要以学生为主体，学生主持，目标设计是"知情意行"相结合，数目是三到五条，等等。这些都是张海进行评课活动的主要依据，是他判断班会课是否规范、专业的标准。在收集资料过程中，我时常跟随他去各个学校听课，返回的路程中他会习惯性地就一些问题与我交流。
>
> 　　曾经的一个情景一直在我脑海中挥之不去：受外市

德育部门之邀，张海驱车前往该市听课，并为当地中小学班主任开展讲座。

第一堂班会课是小学五年级的"绿色出行"，班里四十多个学生分为六组——外交、学习、纪律、组织、文艺等六个小组，各组同学围绕植树节即将进行的植树活动展开交流。授课教师严肃又活泼，时不时地开些小玩笑，学生参与热情很高，整个课堂很是活跃。

第二堂课是初中一年级以"五星红旗"为主题的班会课，学生主持，老师则在一旁负责播放 PPT，课堂活动设计得十分丰富，小品、歌曲、朗诵穿插其中，仔细观察发现不少学生手里都提前准备了纸条，上面密密麻麻写着很多字，主持人无论提问哪个学生，他们的回答都极为流畅，最终的总结语都是相似的。

因为时间关系，未专门安排点评环节，张海私底下就这两堂课向我表达了自己的看法："德育关注细节，某一个细节体现理念。第一堂课的班主任很强势，自己讲得多，是对学生个性、人格的不尊重，整体上也很不规范。第二堂课还不错，学生主持，体现了以学生为本的理念，并且形式也很丰富，小品啊、朗诵啊都有，感觉还不错。"随后他询问我的看法，实际上我与他的观点恰恰相反，是说出自己的真实想法，还是按照他的思路奉承几句？当时的我极为矛盾，良好的研究关系刚刚建立，张海也极其享受作为专家"指点江山"的感觉，多年实践总结出来的"班会课理论"恰是其得意之处，我是否要说出自己内心的疑问，甚至是质疑呢？我跟随张海先后跑了十几所学校，听他点评了几十节班会课，已渐渐发现他指导的班会课都是"千课一面"，都遵循着同样的步骤，例如学生主持、提问三四个问题，等等。他的这些理论已经演变成"万能公式"，任何班级、任何教师、任何班会课都适用，对于差异性及个体性很少关注。他关注的点在于班会课是否规范、专业，而判断标准就是这套"班会课理论"，他以此来对老师及其班会课进行改造、矫正。这种看似规范化、专业化的班会课，某种意义上与机械化、模式化无异，而学生究竟学到了什么，教师有何专业需求，则很少关注。

　　作为旁观者，作为受过多年师范训练的教育人，我深感自己有责任也有义务就这些问题与他进行沟通。他作为德育领域具有一定影响力的专家，他的观念、行为影响着成千上万的老师、学生及不少学校的德育实践，一旦出现偏差，所造成的负面影响非同一般。反复思量后，我作为研究者的理性让位于作为教育人的良知和社会关怀。我开诚布公，以极为谦虚的态度向他表达了自己的观点及思考，同时鼓起勇气把自己潜在的担忧也一起交流："张老师，您多年实践总结出来的这套班级建设理论，的确对一些老师有启发意义，但班会课都不考虑具体情况和情境，完全按照这样的步骤和程序，会不会最终导致所有老师上的班会课都是一样的，而失掉了自己的特色？这样会不会太过关注形式上的规范化，而忽略了老师和学生的成长需求呢？"对此，张海回复道："不会的，这是前面必须要做的，你不做这个东西，肯定是准备不到位的，过程我们不过多限制，具体可以有多种方法。"

这样反复了几个来回，我们两人像朋友一样进行了深入交流，不知这种交流是否对他产生了些许正面的作用，而我则期待这些能促使他对自己的教研活动和过往经验进行积极的反思，长远来看，这对于广大学校、教师、学生乃至当地的德育实践终归是有益的。作为研究者，自己试图影响，乃至干预研究对象的一些行为，这样做合适吗？伦理上是否允许呢？我至今仍心存困惑。但作为教育人，我觉得自己有责任如此做，应该毫不犹豫地践行教育之"善"。

总之，研究者的角色是十分复杂多变的。就像我在田野研究中，时而像朋友一样与研究对象谈天说地，与他们同悲同喜；时而又必须是一个客观的、理性的研究者，保持着距离和些许神秘感；时而我还是一个有良知、有情怀的教育人、师范人，必须参与其中，甚至力所能及地发挥些"矫正"作用。这些角色时常交叉存在，多数时候也会发生冲突而让自己面临着两难选择，该如何抉择？这些选择会影响到研究对象、研究关系，甚至会影响着最终的研究结果。某种意义上，我们的选择与我们自己是怎样的人息息相关，换言之，我们是怎样的人，便会做出怎样的田野研究。研究与做人，本质上是相通的，这也恰好回应了前面的观点，"质性研究让我遇到更好的自己"，田野研究是自省的。

以上，我讲述了自己的和我指导的博士研究生的田野故事，我相信，曾经困扰着我们的这些田野研究经历，一定也会困扰着其他的田野研究工作者。借助田野研究实践者这一局内人的独特视角，反身性地思考田野研究实践过程中的诸多"细节性知识"，我的目的是揭示田野研究过程的黑箱，进而对研究者的研究行为或社会科学知识的生产过程进行"祛魅"，使研究者对自身的研究行为以及其中的知识与权力生产关系保持必要的警醒和自我批判意识，避免研究过程中知识霸权的产生。社会科学研究的过程，不仅是求真的过程，同时还应是求善、求美的过程，其中必然包括对研究者和研究对象本身的关注，进而体现人是目的而不是手段的质性研究的本体论价值。

第五章

研究伦理问题

> 研究从来就不是客观中立的，从选择题目、接受赞助、资料收集分析到写作与发表，都牵涉政治与伦理。
>
> ——严祥鸾[18]

> 任何研究都是一种建构与创造。我们所能做的是，诚实、明晰地面对各种困难与吊诡。不要假装研究者没有权力，而是要诚实地面对它。研究是一种社会过程，而随地都会留下我们的指纹。
>
> ——里本斯（Ribbens）[18]

一、田野研究中的伦理问题

（一）公开还是隐匿？关于隐私权的处理

在田野研究中，由于研究者对研究情境长期而又深入地介入，势必会涉及研究对象的隐私。对于隐私的处理，则是由研究问题、研究意图和研究情境共同决定的。在某种程度上，还受到知识与权力关系的制约与影响，即在这一知识生产过程中，研究对象究竟处于何种位置？

以我的博士论文为例，在这项研究中，作为研究田野的华士实验学校是被作为主体性教育的好典型出现的。本着总结介绍学校先进经验的想法，我的博士论文的写作采取了一种写实的做法，因此对学校名称没有做任何的技术处理，只是其中涉及的几位学校领导和实验班老师的名字做了一些技术处理，主要是出于保护对方隐私的考虑。但实际调研的结果与学校的宣传报道总是会有一定距离，这在今天看来也是正常的。在有限的宣传报道中突出学校的亮点和特色，无疑是正当合理的；而作为一名研究者，遵循社会科学研究之实事求是、求真务实的学术原则，对实地研究中发现的问题如实地呈现，也是研究者的使命与责任。媒体和校方的正面报道，与研究者发现问题揭示问题的科学态度之间的矛盾，以及研究者与学校主要领导之间的矛盾冲突，就引发了所谓的研究伦理问题。这是我始料未及、至今难以释怀的。

对于一所农村的中心学校来说，这里毕竟是一个熟人社会，绝大多数的教师和后勤管理人员都是本地人或者镇上的人，大家可能都是一个大家族的成员。学校管理层之间、学校后勤人员之间会有很亲近的裙带关系，这在当地人看来是非常正常的。学校构成了地方社会的一部分，这在中国广大的农村中可能是

一个普遍现象。倒是应了那句话，学校就是一个家，校长就是
这个家的大家长。从这个角度划分，这样场域里的人际关系变
得十分简单，即可以简单地划分为两类人：自家人和外来人。
我的这一研究发现，对我是新鲜的，当地人则是心知肚明的，
但却不可能出现在书本里或研究报告里，哪怕只是表面上的触
及。可是这一发现对一项全面呈现学校文化和师生关系的学术
研究又是无法回避的。对这一点的呈现，就触及了双方合作关
系的底线，即研究报告只能呈现学校好的一面，有问题的一面是
不能触及的。对于当时书生气十足的我而言，这就跟校长当时
承诺的学校生活向我全面开放，帮助学校发现问题等发生了矛
盾。这个矛盾既是我始料未及的，又是研究论文写作涉及研究
伦理问题时必须要思考的，也为我补上了研究伦理这一课。今
天看来，这种家族式的学校管理模式，与其所处的华西村的私
营企业管理模式如出一辙，这样看来就不足为奇了。

我的另一项成果《在生活化的旗帜下——学校道德教育改
革的社会学研究》，与前面两项只在一所学校完成田野调查的
研究相比，选择田野时采用的是不定点取样的方式，旨在呈现
学校道德教育改革的宏观视野。研究主旨是发现道德教育改革
是如何发生的，其内在的动力机制是什么。我采取的是典型抽
样的方法，选取了南京外国语学校仙林分校作为研究个案，动
态地呈现了学校班级管理体制改革的诞生过程。对个案学校采

取的是如实的全景式呈现，个案研究在这里具有以小见大、以点带面的作用。研究对象是向研究者敞现的，同样地，研究者向研究对象也是完全敞现的。在研究对象身上，寄托着研究者的改革理想，研究者与研究对象是相互映衬、相互说明的。这样一种研究关系的建立，在我看来是最为理想的一种研究关系。

（二）知情权问题：有目的地"转化"是否可能？

这里，我继续引用沈茜的论文。[17]

> 从我进入田野的那一刻起，一个突出问题便摆在眼前：如何向研究对象——区县级教研员介绍自己的研究呢？众所周知，教研员在我国是一个特殊的群体，多出身于一线优秀教师，被通俗地称为"教师之师"。同时该群体也承担着教学管理、教学评价、评优评先等工作，重要职责之一是为教育行政部门提供决策服务，这样他们便不可避免地带有些许行政色彩，在中小学老师眼里是一种"领导"的存在。教研员这种"半官半民"的双重身份决定了他们对外来者是极为敏感的，他们生存在相对封闭、安全的教研机构这个"独立王国"之内，外来者的介入会打破他们的安全空间，甚至会将其置于被剖析、被揭示的危险境地，他们对外来者是排斥的，戒备心十足。
>
> 具体到我个人的研究，起初进入田野便困难重重：借助导师的资源，几经波折先后联系了三个教研机构、

数名教研员。他们或是表面热情实则将排斥进行到底，或是将我安排为幕后工作者而远离研究对象，或是以工作性质为由委婉地拒绝。这些经历再次说明教研员身份的复杂性和敏感性。初次接触之时，面对他们的疑问"你究竟要研究什么"，我选择将学术化的表达进行本土转化，将教研员的角色问题具体化为"了解教研员在日常工作中都具体做些什么""（比如）如何指导基层老师的教学工作""如何组织教学比赛活动"等，以此回应对方。如此做，我也有自己的考虑：一方面从教研员的常规工作入手（即从其具体行为，而非态度、情感、价值观等方面入手），降低外来研究者对其可能产生的压迫感和不安全感；另一方面从最基本、常识性的问题切入，自己以"无知"的状态出现，弱化自身的各种符号（如博士学历、研究者身份、著名专家的弟子等），以减少对研究对象潜在的影响，收集到自然状态下的真实资料。我采用这样的转化策略，一定程度上满足并尊重了研究对象的知情权，也为自己顺利进入田野提供了重要条件。那么，对于这样一个几乎所有质性研究者都会遇到的问题，这种有目的地转化、有限度地暴露研究内容及目标是否可以呢？是否会影响到研究的真实性呢？这是一直困扰我的问题。

作为研究者，在知情权问题方面，我的主要考量就是在尊重研究对象的基础上，最大可能地为其创造相对安全的心理氛围，并降低自身的各种身份可能产生的影响，从而能够顺利开展研究并保证研究的质量。而在现实中，这种理想化的追求未能实现。例如，在我跟随教研员张海（化名）出入中小学参加教研活动时，他通常会十分隆重地介绍"这是M师大的博士生，跟着我做点教研方面的研究"，大多数时候甚至会直接表达为"是研究我的"，接下来便是教师们的一片溢美之词，"张老师是专家，很值得研究"，"这个研究有价值……"，他对此以微笑回应，似乎很享受这个状态。我的"博士生"的身份客观上强化了他的"专家"意识，他充分地利用每一个机会来展示自己作为"专家"的风采，不断地进行着自我建构。如此看来，民族志研究一定程度上也是研究者和研究对象共同建构社会事实的过程。恰如陈向明老师所言："研究者个人的特征不仅会对研究产生一定的影响，而且可以为研究者提供丰富的信息以及检验效度的手段。"[①]

倘若，对这样一个事实再进行一个有趣的假设，假如我入场之时气场更强大些、不再以如此浅显的问题开启自己的研究之旅，不再刻意淡化自己作为"博士生"（研究者）的身份，张海还会继续以此来强化自己的"专家"角色吗？又会出现怎样的结果呢？那么，这是否就意味着，质性研究，某种程度上也是研究者与研究对象相互建构的结果呢？研究对象的知情权问题，知情多少、知情程度通过作用于研究关系，进而影响到整个研究吧？

[①]　陈向明：《质的研究中研究者的个人倾向问题》，《教育研究》，1998年第1期，第21-25页。

（三）研究过程中的伦理问题

任何一项研究都涉及研究伦理问题。而质性研究伦理问题的特殊性表现在，研究本身就是建立在研究者与研究对象面对面的互动关系，以及一定的相互信任关系基础上的。关于研究伦理的相关规定，如研究对象的知情权等，是保证研究过程顺利进行的必要条件。而在中国的文化环境下，严格照搬西方的学术规范征求相关机构或研究对象的同意，往往是很难做到的。在此意义上，质性研究更应该被视为一种文化现象。那么，与之相关的问题是，在一个信息不对等、研究者无法告知自己的文化身份的前提下，研究者与研究对象的信任关系如何能够建立呢？具体到质性研究过程的三个阶段，不同阶段所面对的研究伦理问题往往是各不相同的。

（1）"入场"时的伦理问题

这一阶段的伦理问题主要表现为是否向研究对象公开自己的研究者身份和研究意图。从过往的实践来看研究者，之所以能够被允许进入研究现场，很大程度上得益于部分地隐匿了研究意图。如果说隐匿自己的研究意图实属无奈，那么有无更好的方式方法呢？除了研究伦理的考量之外，隐匿研究意图对研究结果的客观性、真实性究竟有无影响呢？

（2）"过程"中的伦理问题

这一阶段的伦理问题主要表现在对研究数据资料的收集和

解释上，特别是涉及研究对象的个人隐私、不便公开的信息资料等。收集数据资料是否必须经过研究对象的同意，未经同意而得到的资料能否使用？另外，在非正式场合，如饭桌上，收集的资料是否可信？如何检验这些资料的可信性？是否凭借研究者的"学术良知"就可以任意为之呢？

（3）"退场"或"出场"时的伦理问题

这一阶段的伦理问题主要表现为要不要向研究对象公开自己的研究成果，或者是否需要得到研究对象的认可才能发表。如果不是仅仅把研究对象当成自己利用的工具，那就需要把研究对象的情感、态度视作整个研究过程中的一个重要因素。女性主义伦理学关于负责任的研究行为的论述中，提出"很好地认识"（knowing well）和"负责任地认识"（knowing responsibly）[19]的区别。强调要把伦理学、方法、方法论与认识论联系起来。这种提法对于质性研究方法尤为适用。

除此之外，研究过程中的伦理问题还表现在对研究资料的理解与解释上。如果把研究资料作为开放的文本，那就意味着同一文本存在着不同的理解和解释。可以肯定的是，当事人的理解与解释，与研究者的理解与解释是不同的，因为研究者和研究对象所处的位置不同，立场和观点就会有所不同。在多数情况下，研究结果及研究者对此所做出的解释，或者不能与研究对象见面（就像网络世界的"见光死"现象），或者不能得到研究对象的认同，有时还会发生利益冲突。

如在我的博士论文研究中，开始时我告知了学校自己的研究者身份，也征得了学校校长的同意和积极配合，对方承诺：学校的一切事务都向我公开，希望帮助学校发现问题。当我把最终研究报告的初稿主动交给这位校长时，她对自己当时的承诺矢口否认，包括其中涉及的部分访谈内容，并指出了一些她认为不合适的内容。无奈之下，我只能做出修改。在此种矛盾冲突的情境下，研究者一方不再是拥有话语权的主动方，而是变成了被动方。

为了规避矛盾与冲突，研究报告对于诸多敏感性信息，如研究对象的姓名、身份、所在单位等均做了技术处理，但即使如此，熟悉此研究对象及情景的人仍然可以轻易推测出当事人究竟是谁。这一方面的伦理问题无法回避，且难以解决。作为西方研究范式的质性研究在中国的本土化过程，势必受到中国文化的限制与影响，质性研究在中国能够付诸实践本身就是一个文化现象。我可以断言，每一项质性研究背后都有一段不为人知的故事，而把这些故事呈现出来，可能是对质性研究本土化进程的一大贡献。

从研究旨趣来看，质性研究主要是对人类经验世界做出理解与解释的研究行为。其研究对象不是绝对客观的对象物，而是人的行为及其背后丰富的意义世界，因而"仁者见仁，智者见智"，很难达成研究共识或普遍接受的研究结论。作为一种"主观主义"的研究取向，研究者不应该回避或隐瞒自己的研究立场或研究观点，而是应当把自己的研究旨趣、研究过程尽可能地客观化，以达成阅读者对研究结果的理解与认同。

质性研究是一个完整的过程，从提出问题、进入现场收集资料、分析资料到呈现研究发现，中间伴随着研究者的认识与思考，以及情绪、情感体验等一系列复杂的认识过程和体验过程。对于质性研究成果而言，研究者呈现哪些材料、不呈现哪些材料，完全服务于自己的研究目的，而不必考虑材料的完整性和知识情境的复杂性。因而，呈现出来的材料很可能仅仅是冰山一角，大量的细节往往被研究者有意无意地过滤掉了，或者说在有限的篇幅内，研究者无法呈现全部的研究资料和研究者的心路历程。对于质性研究的写作者，他的作品只能是"未完成的"，只能呈现或实现部分的研究事实，而不是全部的事实真相。正如一位作家所说，人们说出来的只是自己知道的一小部分。因此，对于质性研究的阅读者，质性研究作品是留白的，即预留了对话生成的空间，读者并不是一味地接受，而是可以借助自己的生活经验和体验，对研究结果进行分析判断。

如此说来，质性研究是否意味着一个完全主观随意的过程，毫无外在的规范约束呢？那些被研究者人为删减、任意裁剪的边角碎料和被过滤掉的细节中，到底隐含了多少事实的真相？材料分析过程是研究者权力和特权明确凸显的地方，也是研究伦理困境的所在，同时也是研究者所受到的学术规训的具体显现。是忠实于事实，还是忠实于研究者的预设？质性研究客观上存在着证实与证伪两种可能，但通常情况下，证伪的可能性却很小，研究者最终"服从"的往往是自己的研究设想，而不是事实本身。一般而言，质性研究者多采取"向下看"的研究取向和"替弱者说话"的研究立场，这也体现了质性研究的人文关怀。在质性研究者面前，是否存在着一个客观的事实真相，还是事实本身就是研究者建构出来的？质性研究传达的仅仅是研究者的个人意愿，满足的是自我言说的话语权，还是在替他人讲话，传达弱者的声音？替他人说话仅仅是研究者个人的良心和伦理追求，还是质性研究的必然使命？

二、伦理问题的理论思考

（一）研究伦理问题是如何产生的？

研究伦理问题是研究者与研究对象关系的集中体现，是研究者获准进入研究对象生活世界的通道，以及双方围绕可以呈现什么、如何呈现等问题达成的约定，是研究者与研究对象生活世界的相互敞开，是彼此信任关系的具体表现。当然这种信任或呈现是有限度的局部呈现，且通常而言，研究对象的生活世界是向研究者敞开的，而研究者的精神世界则未必向研究对象开放。例如，研究者很少把自己的研究意图向研究对象公开，因为公开之后研究者往往很难进入研究对象的生活世界，研究将无法顺利开展。人文社会科学研究通常是把普通人的日常生活问题化的，即在那些习以为常、司空见惯中发现问题，这在一定程度上可能会危及研究对象生活世界中的秩序建立。因此，研究者的研究目的通常是不便向研究对象公开的。

------ 知 ----- 识 ----- 卡 ----- 片 ------

民族志伦理的思考 [12]

在开始田野研究之前，我就知道民族志从定义上就很尴尬。民族志学者研究人，"探究"他们，询问问题、观察、照相、录音、记笔记，窥探人们日常生活的细节。与新闻记者类似，民族志学者的职业就是包打听。对我来说，我的熟人和客人就是我问题的作答者。

最近社会学与人类学领域出现的方法论与理论上的转变，即挑战研究者历来主张的所谓客观与权威……按照奥克利与克拉维（Okely & Callaway, 1992:1）的说法，在过去的数十年间，这些学科已经从"价值中立的科学主义遗迹中……解放出来"。

民族志学者与语词、观念、故事和理论打交道。我们把生活变成文字。正如克利福德（Clifford, 1986）所说，民族志诚如一件创造和发明了文化而非再现文化的人造物品。我们研究的最终成果更经常地是由我们的学科、政治立场、我们所期待的观众的性质来决定，而非由我们宣称再现的现实的性质决定。我们要知道，我们试图通过我们的"志"与"学"来解开的社会现实要远比任何研究都复杂得多，不论这些研究本身已是多么复杂。

如果我们不再宣称自己居于鲍曼（Bauman，1992）所谓
的服务于统治结构的"立法理性"之中，而更倾向于与
研究对象建立互惠交往过程的"诠释理性"，那么我们
可能会发现，我们至少是部分地从我们担心文本中不得
要领的现实（非现实）会造成可能的真实后果这一道德
焦虑中解放了出来。

　　"本土人类学家"所面临的问题是，能否坚持足够
的距离。"本土人类学家"必须能够以她自己的方式解
开"民族志写作中的个人经验、个人叙述、科学主义与
专业主义相互作用所形成的那团矛盾与疑惑的乱麻"
（Pratt，1988：29）……考虑到我的民族志不可避免
会在某些方面带有半自传的性质，我感到我必须要确认
和探究我在整个研究过程的"定位"。正是借助这种方式，
我个人的经验变成了富有价值、颇具启发的工具，成为
一种理论嗅觉的来源而非偏见的来源。①

　　在民族志中运用我们全部的自我，不仅仅会给我们
提供有价值的社会经验，其本身就是一种合法的学术手
段，幸运的是，这一点在社会研究中已经日益得到认同。

　　借助民族志再现"一个人自己的人民"或者是任何
人民，意味着我们要建构诸多个人生活的一种人为的、
局部的描述。在这一过程中，我始终牢记在每个人的社
会经验中都有一处学术语言难以洞穿的残留——一处难
以进行分类和学术分析的地方。也许只有非语言的艺术
形式才能够达到这一经验层面，因为语词总是排他的、

---

① 围绕自传式声音所产生的两难并不局限于本土研究者。埃文斯－普里查德认为
一个人从田野研究中所收获的在很大程度上取决于他所带入的。

有限的和最终的。然而，如果部分的、有限的事实可以被接受，并且"构建成民族志艺术……那么一种严肃的局部感也能成为再现事实的源泉"（Clifford，1986：7），追随克利福德的观点，我主张一种自我警醒的"严肃的局部性"。

　　每天的日常生活充满了各种难以应付的时刻：误解、冲突、痛苦、悲伤、不安与害怕、厌倦与懒怠、沮丧乃至绝望。如果我们考虑到自我与他人（们）之间基本的辩证关系，规训与实践之间的紧张状态，"世界形式"，生活的无常和短暂，以及所有这一切所意味的终极生存问题，那么这就是人类的处境。如果身处一个人自己的生活世界还不够挑战的话，那么当我们借着人类学的名义尝试去了解他人的经验世界及其最深层次的意义时，我们所进行民族志田野工作则进一步加剧了我们"常规"生活的反复无常、矛盾冲突乃至诸种愉悦。

　　作为一位人类学家，我基本的关注点在很大程度上是"存在主义的"而非"形式主义的"（Henry，1964：ⅩⅧ）；也就是说，我专心于探讨人们所创造的深层含义，以及那些意指"'真实'生活而非学术分析"（Stewart，1996：73）的经验领域。

（二）女性主义的反省与挑战

　　知识论和方法论的偏好也形塑一个研究者的研究生涯和生活风格。在社会学里，要成为专业者，就是要客观、保持距离、非个人、权威、竞争、克制情感、坚强的。成为专业者，其实就是要成为"男人"（Reinharz，1984）。[18]

> 女性的权力从来就不像男性的权力那样被人看重，那样具有权威性，那样产生距离感。因此，作为女性有助于我与这个群体中的男人们建立和谐关系，他们中一些人堂而皇之地在我面前卖弄他们的家长特权。[12]

上述两段文字，唤醒了我作为一位女人类学研究者的性别意识。有两件事至今记忆犹新。

一是多年前，在招待一位来自加拿大的中国台湾籍女性学者的晚宴上，作为招待方的某领导习惯性地与同桌的男性学者开着有关性话题的玩笑，完全无视我们女性学者的存在。这样的酒桌文化司空见惯，知识分子也不例外。作为一名女性除了尴尬之外，似乎也无力反抗。但是这位台湾学者表现得非常不悦，为此，招待方也收敛了很多。事后，这位女学者非常气愤，感到无法忍受："这样的玩笑太过分了，简直是对女性的侮辱。"玩笑中提到的性别政治在日常生活中比比皆是，许多女性对这套男人世界的游戏规则谙熟于心，并借以发挥自己的性别优势，以达到取悦权贵、牟取私利的个人目的。在女性意识尚未觉醒的时代，在高校知识分子圈子里尚且如此，更不要说普通大众了。这件事情给我上了第一堂性别教育课：性别与权力、政治是密不可分的。

二是我在田野研究中遭遇到的两次研究伦理问题，都发生在两位居于权力高位的知识女性身上，她们处理问题的方式，运用权力的方式，与男性权威如出一辙。当涉及她们的个人利益时，性别政治便从后台走到了前台，将她们宣称的自由、平等、博爱等教育理念无情地踩在脚下。

反观我自己与研究对象之间的关系，作为一名长期从事人类学研究的学者，我对自己的研究对象始终秉持着平等尊重的研究立场。曾经做过中学教师的经历，使得我对自己的研究对象——中小学教师有着本能的亲切感，并视自己为他们中的一员。我反而是对自己作为一名大学教师的身份，尤其是大学与中小学之间的知识权力关系，是缺少认同的。

人类学研究本身要求研究者要有一种平民关怀或关切。当研究对象是身处权力高位的"校长"或"知名学者"时，知识与权力关系便凸显出来。通过自己的田野研究，尤其是所谓的研究伦理问题，我得以触摸到这些知识权贵不易觉察的人性的另一面。我的两个田野研究，同样是遵循知情权的处理原则，将自己的初稿交给当事人审阅，同样是被责令撤掉稿件。两位女领导都无视研究者的尊严，采取的是强硬的而不是尊重的协商式的态度——像她们在众多教育场合和理论文章中宣称的那样以人为本、尊重爱护学生。

这些处于知识与权力高位的研究对象的强势态度，给初次从事田野研究的年轻的我留下了学术生命历程上的心理创伤，导致后来我不断提醒自己：严肃的学术研究有时是需要付出沉痛代价的，而这个代价往往是无处诉说的，只有依靠自己去慢慢消化。就像"危险与秘密——研究伦理"这个书名所揭示的，人类学研究因为触及当事人生活的各个面向，而有些面向是常人无法触及的，因此伦理问题的产生是必然的。为权贵讳，为名人讳，这些不能触及的无法公开的研究伦理问题，作为权力政治的一部分，随着社会的不断开放，文明的不断进步，势必会成为人类文明进步史上需要跨越的障篱！

女性主义的研究立场帮助我们发现知识的性别属性，在人文社会科学研究领域，话语权大多掌握在男性的学术霸权手里，强调逻辑思辨、科学理性，似乎成为知识合法性的唯一表现样态。于是，一些女性学者刻意将自己的研究成果去性别化，感性的叙事的呈现方式被认为是没有理论素养的具体表现——"没有理论，只有故事"，成为质性研究范式的污名标志。而我观察到，一些女性学者的着装、言谈举止，都在进行着社会化历程的自我塑造，目的是赢得男性学术霸权的喜好和认可。福柯意义上的权力的微观技术已经渗透在人们日常生活中，以潜移默化、润物无声的方式实现着对人的塑造。

在从事人文社会科学研究，深知知识权力之间微妙关系的研究者或知识生产者看来，这样一种自我塑造过程尤其需要引起人们的关注。相比于处于知识生产链条末端或执行者一端的中小学教师，大学知识群体的知识生产过程犹如黑箱，往往很难被触及或暴露在研究者面前。正是因为遭遇了这样一些研究伦理问题，作为研究者的我得以触摸到大学的知识生产过程以及背后的文化密码。它们如阳光空气般地存在着，隐秘而不易觉察。

（三）教育调查中的伦理问题

当伦理问题成为其他社会科学（社会学、心理学等）领域争论的主题时，它在教育研究领域内却受到了不该有的冷落。罗伯特·伯格斯在谈到这一问题时，深感遗憾地说道："随便看一下目前的研究作品和研究学习就会发现这个话题是缺失的……几乎没有教育学研究者在自己的研究过程中探讨伦理问题。"为了弥补这一空白，他编著了《教育研究伦理》，集合了各类教育研究方法中的伦理反思，其中《伦理和战术：一次教育调查中引发的问题》和《伦理问题和统计工作》两篇文章，从两个不同的角度论述了教育调查研究的两个阶段（调查和统计）中的伦理问题。[20]

这里借用我过去的文章[20]介绍他们的伦理反思，希望激发读者们更深入地思考。

伦理问题一般产生于人们的关系之中。由于调查（特别是邮寄调查）这种研究方式没有或很少与研究对象有直接往来，因而在调查的过程中伦理问题相对更易被忽视。《伦理和战术：一次教育调查引发的问题》对教育调查中的伦理问题进行了深刻的反思。而在《伦理问题和统计工作》中，虽然作者帕梅拉·萨蒙斯是从统计的角度论述了统计工作中必须遵守的制度性伦理规范，但本书对调查也是适用的。

1. 伦理制度的考察

在学术研究中，为了人们更容易做出道德决策，一套相对较完善的制度规范已经建立。大卫·罗菲等结合其对苏格兰青少年的邮寄调查介绍了在研究过程中必须遵守的制度性伦理规范。首先，在这项调查中，为了保护单个样本成员或学校信息不泄露，研究人员自己制定了一系列行为准则。在研究中，准则中的许多规定都没有能够贯彻始终，然而保护隐私和公众获取数据的规定却一直被研究人员遵守。其次，除了研究人员自己制定的行为准则，数据保护法案（1984年版）也是研究人员必须遵守的监管条例。再次，由于这次研究还使用政府数据，特别是在抽样过程中，研究人员还必须遵守政府统计机构（GSS）的行为规范（1984年版）。这项行为规范的主要宗旨在于保护调查对象的隐私并保证不限制人们对信息的获取。在教育调查过程中涉及的伦理问题远远超出了这些。因此，教育社会学中心（CES）（苏格兰青少年调查的执行部门）制定了自身的行为准则。该准则主要从研究人员与资源提供者、调查对象以及公众这三类人之间的关系予以规定。第一，在资源提供者方面（例如赞助商），研究人员需事先声明他们的职责并保守承诺。一般来说，资源提供者不享有保密权，并且不具有知识产权。在资源提供者中，"看门人"——控制研究人员接近样本群体的人——是最易被忽视的。

在大卫·罗菲等人看来，研究者与"看门人"之间的关系"更多的是由谈判能力和商业实践所决定，而不是由崇高的伦理理想所决定。"而一旦两者之间存在私人关系时，研究人员"必须对那种关系的性质以及它所维持的私人空间具有敏感性"，即使"看门人"比调查对象更具权威，研究人员也不应该完全信奉他；第二，在调查对象方面，研究人员需警惕对调查对象造成侵犯的可能性；须采取积极的措施保证数据的机密性并尊重数据；应告知调查对象研究目的以及拥有拒绝权利。应该避免仅仅由于研究者的嗜好或暂时兴趣的"打探、刺探隐秘"；第三，对于公众，研究人员在选题、方法、分析以及传播方面，应追求开放性、敏感性、准确性、忠实性以及客观性，其中包括尊重不同社会团体利益，避免会排除特殊调查结果的研究设计，广泛地散布结果，促进数据再利用。

在对调查对象的义务方面，准则规定了三条。第一，避免不必要的侵扰。统计人员应当意识到一些工作的潜在打扰。他们没有权力去研究所有现象，知识的进步和对信息的追求不能压倒一切其他社会和文化价值观。第二，获得知情同意。如果参与的主体是法律所要求的，统计人员应当指出有关法律的条款；而如果调查对象是自愿参与的，统计人员应使他们意识到自己有权提前拒绝或在调查过程中停止合作并撤回所提供的数据。第三，保护利益主体。不管是自愿参与还是法律规定都不能免除统计人员对调查对象利益的考虑，特别是在参与调查具有潜在伤害时。为此，统计人员应该提供那些可能影响调查对象决定的信息，他们也应该尽最大可能提供调查对象所要求的信息。第四，维持机密性。统计数据不应该涉及个人身份，它们只用来回答"多少"或"多大比例"的问题，而不是"谁"的问题。另外，统计人员也要采取合理的措施防止调查对象的身份在数据公布时被推断。第五，在决定利用实名数据时，应考虑到调查对象可能的敏感和利益。

2.制度之外的思考

大卫·罗菲等认为教育调查研究中的制度性伦理规范是有缺陷的。因此，在介绍了相关制度性伦理规范之后，他们又进行了更深入的分析与批判，提出了其存在的潜在问题。从而使对教育调查的伦理反思进一步完善和深入。大卫·罗菲等主要从以下三个方面对这一问题进行了阐述。

（1）伦理无涉

大卫·罗菲等把资源提供者、研究对象以及公众重新分为两类人：与研究有直接关系的和与研究没有直接关系的。在他们看来，相对于前一类型的人而言，后一类型的人的伦理需求更容易被忽视，他们是伦理无涉的受害者。对于伦理无涉，他们列举了两种可能的情况：第一种情况是间接数据来源。在许多调查中，调查者都是从"第三者"身上获取信息。例如，有时调查者会向调查对象询问有关其父母或家庭的问题，在这种情况下，"尽管这些人所持有的信息被视为个人信息，并像其他数据一样受到数据保护法案同等程度的保护，但是这些人在这一条例中并不享有数据主体的身份"，因而他们没有权力向研究者透露其他人的信息。在大卫·罗菲等人的调查中也证实了这一问题，"我的调查对象很乐意回答任何关于他们自己的问题，而不愿意泄露关于他人的私人信息"。第二种情况是暗含的信息。例如在前面提到，在未经学校同意的情况下，研究者不应该在数据中公开他们的信息。然而，有时数据却有可能直接或间接暗含有关个人就业部门和深造学校的信息，而这些信息是得不到同样的保护的。

（2）规则的应用

大卫·罗菲等指出，制度性伦理规范是一般性的原则，而不涉及具体的研究情境；而规范的实施面对的却都是具体的情境，并非一般的规则所能应对的。因此，一旦一般伦理规范投入应用，问题将会源源不断。大卫·罗菲等人从两个方面对其原因予以了说明。第一，一些规定的完全实施所需要的资源要比研究人员可得到的多得多。例如，根据数据的开放原则，大卫·罗菲等在研究项目中努力寻求教师和其他教育实践者使用数据的途径。然而，公共数据库的使用要求有相关的知识、专长和技能。这需要的资金却是没有人提供的。第二，即便是在没有资源限制的情况下，对同一伦理原则的理解也可以有不同的维度。在保密原则实施的过程中，可能会遇到一些问题，例如数据主体的控制关系不明确。前面的伦理准则要求研究人员必须对数据保密，但是这些研究人员指的是谁呢？许多大型的调查会雇用临时成员来组织调查，他们属于研究人员吗？除此之外，确保数据机密性的措施常常会与数据分析的某些要求相冲突。另外，在知情原则的实施过程中所面临的问题是：必须在多大程度上告知调查对象所拥有的权力？在许多调查中，调查者并不了解数据的大部分作用，所以不可能对调查目的进行全面细致的描述。

（3）伦理法则之间的冲突

在文中，大卫·罗菲等认识到这些伦理规范自身在实施过程中就存在着冲突。首先，伦理规范与调查技术之间有时会有冲突。例如，在前面的伦理规范中，要求研究人员以及数据保管人员必须保护数据的机密性以及数据客体的隐私，而这有可能会导致重复的数据收集活动，从而给那些数据提供者带来额外的不便。其次，不同的伦理规范之间也会有冲突。例如，机密性原则和公开性原则有时就会相互冲突，尽管调查数据的公开很少会触犯机密性原则。在大卫·罗菲等的苏格兰青少年调查中，为了防止在数据中产生误解和对学校不利的"等级表格"，许多 TVE 项目不得到校长们的同意就不能被辨认出来，这很明显抑制了带有明确公众利益的数据使用。除此之外，前面的伦理规范要求研究人员必须保护个体样本成员的利益，而这有时会和保护他或她所属群体的权利相冲突。

从大卫·罗菲等人和帕梅拉·萨蒙斯的反思和分析中，可以看到国外在学术伦理制度建设方面的成果以及学者在教育研究过程中的伦理敏感性。从中，国内教育研究者可以得到许多借鉴：建立制度性的学术伦理规范，加强研究者的伦理自觉，等等。当然，在具体的规范中，也可以从中感受到浓重的西方文化气味，如何结合中国文化特征，弥补中国教育研究中的伦理空缺，这是每一位教育研究者的共同责任和义务。

田野研究：人类学者的自我发现之旅

田野研究与其他研究范式的最大区别就是，它开启了研究者认识自我、发现自我的旅程。这个旅程是通过一次次地离"我"远去，不断走进他者的精神世界，在与他者的对话中实现的。自我发现之旅究其实质就是文化之旅。因为人是文化的产物，每个人都是经由一定的文化塑造而成的，文化的相似性决定了人的相似性，文化的差异性也决定了人与人的差异性。而对自己所身处文化的觉察，只有站在异文化的角度，通过与自己文化的对话才能得以实现，而这正是人类学及其田野研究的优势所在。

记得多年前我曾经陪同一位校长与她学校的老师（被诊断为中度忧郁症）去山东济南参加一个心理咨询的培训班，发现这个班上多数山东人面临着共同的心理困惑和问题：过去的山东在孔孟文化的影响下，形成了特有的以遵从、顺从为主的家长制作风的地域文化。大多数人在家听父亲的，在单位听领导的，导致了文化基因中独立自主意识的缺失。即在个人成长中缺少了成人礼：作为男人，无论你年龄几何，只要父亲尚在，永远是没有成年的；作为女人，因为男尊女卑的传统观念，女人在家谱里是不能出现的，作为独立意义上的人格也是不存在的。在家庭如此，在单位同样如此。所以，参加心理咨询的人几乎都讲述着同样一个在家庭中"不被尊重、不被承认"的故事。现在看来，这种文化现象并不仅仅是发生在山东，而是比较普遍地存在于北方文化中，尤其是存在于北方的学校文化中。但这次培训班的感受，对当时尚未从自己所处文化的自卑情结中走出来的我，却是一个很大的心灵震撼：这个发现帮助我解开了伴随着自己人生成长的一个个疑团，而自己的奋斗史，归根结底也是在表达着同样一个"寻求被尊重、被承认"的文化故事。

　　有人说，一个人在一个城市生活半年以上，这个城市对他就具有了文化意义。我自己从山东邹平老家到滨州市，从山东的曲阜、东营、济南到上海、南京，从国内到加拿大、美国，每走过一个地方，都收获一次文化之旅。正是这样一个不断行走的历程，使我获得了文化意义上的包容性，这无疑是生活的馈赠。在一次次行走中要抛弃甚至放弃许多东西，但与自己精神上的获得及生命的丰盈相比，所有的失去都显得微不足道。正是因为自己在求学经历中接受了更多中外人文思想的启蒙，才得以从自己的故乡文化中走出来，进而清醒地意识到文化对一个人成长根深蒂固的影响，所以才会不断寻求走出自我，走向自我解放，进而希望能够影响到周围人的文化成长。

　　在此意义上，一次次的田野研究，对于我的个人成长而言就是一次次的"文化出走"，帮助我走出自我封闭的精神世界，看到了不同人的不同生活样态。《学校生活中的教师与学生》，帮我重回中小学教师的日常生活，发现那些困扰并制约着学生身心健康成长的教师因素和学校体制性因素。《走在回家的路上——学校生活中的个人知识》，带我去探索中小学教师、校长以及学生意义世界的建构；揭示被教科书知识遮蔽的教师个人知识的丰富性和多样性。《在生活化的旗帜下——学校道德教育改革的社会学研究》，深刻揭示道德教育改革作为一种话语实践的复杂性与开放性，"能指"与"所指"之间的背离，以及学校道德教育实践者的教育智慧。《变革学校：一位中学校长的口述史》则带领我走进一位基础教育锐意改革者的精神世界，探索一所学校十年改革实践背后的个人生活史依据。正是这些各不相同的田野研究经历，帮助我不断走出自身文化的局限性，个人精神世界变得更加丰盈，因理解而变得更加宽容，虽不能说阅人无数，但却体悟了不同的人生。

　　正如人的饮食结构需要多元化一样，没有一种文化是完满的，学校教育的文化使命就是要给学生提供文化的多样性选择，而不是精英文化一种选择，否则势必造成大量的教育失败以及文化上的营养不良现象。正是在与那些看似平凡的"小人物"的对话中，我找到了一种匍匐在大地上亲近泥土般的归属感和安全感，以及作为一个平民化学者的存在感和意义感，这是大学学术体制中的评价制度不能给予的。我一直觉得，一个没有乡村生活经历和体验的人是没有乡土气息的，所做的研究也是不接地气的。在一个过分物质化和强调文化资本、阶层意识的当代社会，来自农村的孩子如果能够走出来，他们身上所拥有的城市孩子缺少的精神力量，是非常可贵的。可惜的是，这种精神力量现在似乎在被不断强化的中产阶级意识所遮蔽。

我的田野研究年表

个人专著：

1.1988—1991 年：曲阜师范大学硕士毕业论文"农村中等教育社会化的实地考察"（山东邹平）。

2.1997—2000 年：华东师范大学博士毕业论文"师生互动关系中的学生自主性的个案研究"（江苏江阴华士镇），《学校生活中的教师和学生》（山东教育出版社，2006 年出版）。

3.2001—2003 年：南京师范大学博士后出站报告"走在回家的路上——学校生活中的个人知识"（南师大附属小学），《走在回家的路上——学校生活中的个人知识》（南京师范大学出版社，2005 年出版）。

4.2005—2008 年：全国教育科学规划教育部重点课题"学校道德教育改革的社会学研究"（南京外国语学校仙林分校），《在生活化的旗帜下：学校道德教育改革的社会学研究》（广西师范大学出版社，2015 年出版）。

5.2015—2020 年：与南京外国语学校仙林分校钱铁锋校长长期深度访谈，共同完成《变革学校：一位中学校长的口述史》（教育科学出版社，2020 年出版。）

方法与方法论思考：

1.《学生自主性发展的个案研究》，山东师范大学学报，2001（2）。

2.《研究者的立场问题：一个知识社会学的视角》，上海教育科研，2003（8）。

3.《质性研究与生活世界的重建》，南阳师范大学学报（社科版），2004（10）。

4.《学科视域下的教育社会学研究》，华东师范大学学报（教科版），2005（3）。

5.《道德教育的文化人类学视野》，中国教育人类学学术研讨会，2007。

6.《教育调查研究中的伦理问题》，外国中小学教育，2009（6）。

7.《空间转向的人类学意义》，当代教育与文化，2011（1）。

8.《语言、权力与教育不平等》：外来务工人员子女学校生活语言的定性研究，教育学报，2011（6）。

9.《班主任的教育情怀从何而来——基于教师生活史的叙事探究》，班主任，2017（1）。

10.《从校长生活史透视学校变革——一项口述史研究》，教育发展研究，2018（6）。

11.《知识—权力视域下大学与中小学合作关系的构建》，教育发展研究，2019（8）。

参考文献

[1] 费孝通.学术自述与反思 [M].上海：三联书店，1997.

[2] 克利福德·格尔茨.文化的解释 [M].韩莉，译.南京：译林出版社，
1999.

[3] 詹姆斯·克利福德，乔治·E.马库斯.写文化——民族志的诗学
与政治学 [M].北京：商务印书馆，2006.

[4] 乔治·E.马尔库斯，米开尔·M.J.费彻尔.作为文化批评的人类学：
一个人文学科的实验时代 [M].王铭铭，蓝达居，译.北京：生活·读
书·新知三联书店，1998.

[5] 索飒.认识他者与读懂世界的途径 [J].读书，2020，494（5）：
25-34.

[6] T.胡森，T.N.波斯尔斯韦特.教育大百科全书：教育人类学 [M].
重庆：西南师范大学出版社，2011.

[7] 大卫·费特曼.民族志：步步深入 [M].龚建华，译.重庆：重
庆大学出版社，2013.

[8] 皮埃尔·布迪厄，华康德.实践与反思：反思社会学导引 [M].李猛，
李康，等，译.北京：中央编译出版社，1988.

［9］迈克尔·波兰尼.个人知识——迈向批判哲学［M］.许泽民，译.贵
　　阳：贵州人民出版社，2000.

［10］王铭铭.人类学是什么？［M］.北京：北京大学出版社，2002.

［11］保罗·拉比诺.摩洛哥田野作业反思［M］.高丙中，等，译.北
　　京：商务印书馆，2017.

［12］林恩·休谟，简·穆拉克.人类学家在田野：参与观察中的案例
　　分析［M］.龙菲，等，译.上海：上海译文出版社，2010.

［13］陈向明.质的研究方法与社会科学研究［M］.北京：教育科学
　　出版社，2000.

［14］齐学红.知识－权力视域下大学与中小学合作关系的构建［J］.
　　教育发展研究，2019（8）：79-84.

［15］齐学红.从校长生活史透视学校变革：一项口述史研究［J］.教
　　育发展研究，2018（6）：6-11.

［16］齐学红.研究者的立场问题：一个知识社会学的立场［J］.上海
　　教育科研，2003（8）：17-19.

［17］沈茜.“专业人”：知识－权力视域下的区县级教研员角色建构
　　［D］.南京：南京师范大学，2018.

［18］严祥鸾主编.危险与秘密：研究伦理［M］.台北：三民书局股
　　份有限公司，1998.

［19］梅拉尼·莫特纳，等.质性研究的伦理［M］.丁三东，王岫庐，
　　译.重庆：重庆大学出版社，2008.

［20］齐学红，汤美娟.教育调查中的伦理反思［J］.外国中小学教育，
　　2009（6）：11-15.